101 DINGE, DIE IN KEINEM ELTERN-RATGEBER STEHEN!

… obwohl sie so wichtig, witzig
und wunderbar wohltuend sind!

IMPRESSUM

© 2021
JUNIOR MEDIEN GMBH & CO. KG
Willy-Brandt-Straße 51, 20457 Hamburg
Tel. 040/357 29 19-0 , Fax 040/357 29 19-29
info@junior-medien.de

IDEE, KONZEPT & TEXT: Silke Schröckert
LEKTORAT: Nina Schnackenbeck
ART-DIREKTION: Anja Jung
MIT GEDANKEN UND TEXTEN VON: Matthias Luck,
Bano Diop, Prof. Dr. med. Kai J. Bühling, Daniel Schröckert, Marco Krahl,
Heiner Bäck, Jürgen Busch, Jan Wickmann, Birk Grüling und Etienne Gardé

BILDNACHWEISE:

Cover: Getty images/TopVectors (2), ArdeaA, Veronika Oliinyk, ma-rish, Lightcome, la–puma,
Nuthawut Somsuk, jesadaphorn, Lea Franke, Lilett, shlyonik
Inhalt: Getty Images/jesadaphorn, Malte Mueller (3), TopVectors (4), ArdeaA (2),
Nadezda_Grapes, Surachet99, Natalia Kosheleva (4), addillum, Color_life, Vector_Moon (2), Vectorikart,
iekiober, Olena Tokar, Rudzhan Nagiev, ma_rish (3), KOHb, Iryna Alekseienko, Praneat, Jinpat, Kupalina,
gmast3r, Ekkaluck, venimo, incomible, robuart (3), vladimir_karpenyuk, zeta-studio.com, djvstock,
Anna Bezrukova (2), designmarketing, Nataliia Nesterenko (2), Popmarleo, Ponomariova_Maria (5), Jull1491,
sidop, vectornation, shlyonik (2), Color_life (3), Rocket Beans Entertainment GmbH (2), studiogstock,
Ekaterina Eroshina (2), rraya, grivina, julkirio, CurvaBezier, Philipp Gätz, Tatyana Antusenok (5),
tiekiobe, jesadaphorn, myillo, manchicken, Aleksandr Satiev, Lilett, Kubkoo, Lea Franke (2),
Tatiana Pogorelova, lanzaran, Dmitrii Musku, BRO Vector (2), studiolaut (2), ONYXprj, sabelskaya,
Kudryavtsev Pavel, hofred, pijama61 (4), Colorfuel Studio, Ralf Bielefeldt, sabelskaya, artbesouro, retrofutur,
Nadzeya_Dzivakova, Lilanakani, switchpipipi, UnitoneVector,
los_ojos_pardos, Aleutie, MashaStarus, atyana Antusenok, Stefanolunardi,
Drawkman, Rawpixel, Lemono, Maria Siubar, S-E-R-G-O

Druck und Bindung: optimal media GmbH,
Glienholzweg 7, 17207 Röbel/Müritz

Printed in Germany

ISBN: 978-3-9822992-2-8

leben-und-erziehen.de

Inhalt

KAPITEL 7

KAPITEL 8

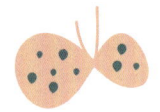

Eine Einleitung

Hurra, ich bin schwanger! Wie verkünde ich es?

Warum du dich von Online-Inszenierungen nicht stressen lassen solltest

Kennst du diese Facebook-Videos, in denen Frauen auf spektakulärste Weise ihre Schwangerschaft verkünden? Mit Cupcakes, in die ein Zettelchen mit den Worten „Du wirst Vater" eingebacken wurde? Oder mit einer Luftballon-Botschaft an der Zimmerdecke? Oder „einfach nur" mit einem versteckten Schwangerschaftstest, den der werdende Papa zufällig zwischen Morgenkaffee und Croissant entdeckt?

Ich habe dazu eine Theorie: DAS IST ALLES FAKE! Ganz im Ernst: In dem Moment, in dem ich die zarte Linie auf meinem Teststreifen erkennen konnte, hätte ich nicht einmal mehr in einen Kuchen beißen, geschweige denn, einen backen können. Aufgesprungen bin ich und ins Schlafzimmer gestürmt, in dem mein ahnungsloser Mann noch schlief. Mit den drei uninspiriert gebrüllten Worten „Ich bin schwanger!" habe ich ihn geweckt und ihm immerhin ein verschlafenes „Echt jetzt?" entlockt.

Das war so unfassbar unspektakulär, so langweilig und kein bisschen hollywoodmäßig. Es war das Gegenteil einer Social-Media-Inszenierung. Und gleichzeitig genau richtig. Wenn ich heute, acht Jahre später, an diesen Moment zurückdenke, fühlt er sich noch immer perfekt und nach purem Glück an.

Genau darum geht es in diesem Buch. Vieles in der Schwanger- und Elternschaft ist kein bisschen so, wie du es dir vorgestellt hast. Es wird nicht so sein wie in den Kinofilmen, Facebook-Videos und Instagram-Posts. Und das Wenigste wird so ablaufen, wie es in den Elternratgebern dieser Welt steht. Das Wunderbare daran ist: Das bedeutet auf keinen Fall, dass es schlechter oder weniger richtig ist – wie diese allererste Anekdote zeigt. ✳

10 DINGE ÜBER DIE SCHWANGERSCHAFT, DIE IN KEINEM ELTERNRATGEBER STEHEN.

01 Wenn es passiert, passiert es. Wir machen uns da nicht verrückt.

Warum es absolut normal ist, sich doch verrückt zu machen

Wusstest du, dass ein Ovulationstest nicht nur die fruchtbaren Tage anzeigen kann? Der Teststreifen schlägt auch auf das Schwangerschaftshormon beta-hCG an – früher als jeder Schwangerschaftstest. Ich wusste das nicht, bis ich selbst probiert habe, schwanger zu werden. Allerdings: Das Ergebnis muss über mehrere Tage verglichen werden und ist selbst dann noch immer so vage, dass man vom „Orakeln" spricht.
Ein normal denkender Mensch würde sich nie mit solchen Spinnereien verrückt machen. Die normalerweise normal denkende Autorin dieses Buches (ich) ist jedoch der festen Überzeugung, dass das wunderbare Wort „normal" schon bei der Planung der Schwangerschaft eine neue Dehnbarkeit erreicht. Also: Mach, wonach dir ist! Das ist nicht verrückt – sondern angesichts der wirklich verrückten Tatsache, dass du gerade ein neues Menschenleben planst, absolut normal.

02 Ein Strich ist ein Strich ist ein Strich. Oder nicht?

Warum eine kleine Linie dich in den Wahnsinn treiben kann

Weißt du, was das Problem an TV-Spots für Schwangerschaftstests ist? Es gibt nie ein negatives Testergebnis und immer nur hyperglückliche Beteiligte zu sehen. Das finde ich aus zwei Gründen schwierig: Zum einen impliziert das, dass jede Frau, die einen Test macht, unbedingt schwanger sein will. (Was absolut inakkurat ist, aber das ist ein anderes Thema.) Zum anderen überspringt die Werbung die manchmal wenigen, manchmal sehr vielen, aber immer sehr zermürbenden Male, in denen der Test negativ ausfällt – obwohl du dir gerade nichts sehnlicher als diese zweite kleine Linie im Testfenster wünschst. Doch die will einfach nicht auftauchen. Oder doch? Ist da nicht der Hauch eines Schattens im Testfenster? Wenn man es nur ein wenig gegen das Licht dreht? Und so schräg hält? Besser noch ein Foto machen und der besten Freundin per WhatsApp schicken: „Du siehst die Linie doch auch, oder?!??? (Emoji mit weit aufgerissenen Augen)". Natürlich könnte man sich auch einfach ein oder zwei Tage gedulden und einen neuen Test machen. Aber glaub mir: Du bist nicht allein, wenn dir diese Wartezeit aktuell einfach unmenschlich vorkommt. ☀

03 Ich bin schwanger!
Hurra! Hilfe? Hurra? Hilfeee! Hurraaaa!

Warum du auf einmal alles gleichzeitig fühlst

Ein Kind zu bekommen ist vermutlich das wunderbarste, glückbringends-te und überwältigendste Ereignis des eigenen Lebens. Gleichzeitig ist es aber auch (und das ganz sicher) überfordernd, verwirrend, manchmal angsteinflößend und aus-der-Bahn-werfend. Und ja, oft empfindest du all diese Emotionen gleichzeitig. Fühlt sich komisch an. Ist aber so. Und wird sich in den nächsten Monaten auch so schnell nicht ändern. Immer-hin wächst in deinem Körper gerade ein kleiner Mensch heran. Ganz im Ernst: Grund genug, um emotional auszurasten. ✳

04 Wieso grinst du denn so?

Warum du plötzlich nicht mehr Herrin deiner Mundwinkel bist

Eine Schwangere mit Kugelbauch. Ein Baby im Kinderwagen. Ein Klein-kind auf wackeligen Beinen. Eine winzige Babysocke oder dieses süße Mobile mit gehäkelten Mini-Nilpferden: Es wird ab jetzt viele Dinge geben, deren Anblick deinen Körper unkontrolliert mit Glückshormonen flutet und dich unwillkürlich zum Grinsen bringt. Manchmal reicht auch nur ein Gedanke. Und die Vorfreude auf alles, was dich selbst bald er-wartet. Genieße diesen einzigartigen Glücksrausch! ✳

05 Und wieso heulst du jetzt?

Warum du dich fürs Weinen nicht
rechtfertigen musst

Bei mir war es die Amazon-Werbung. Die mit dem kleinen Pony, das von den großen Pferden ausgegrenzt wird. Beim Anblick der braunen, traurigen Augen des Vierbeiners flossen bei mir die Tränen – und ich gab mich meinem ersten unerklärbaren Schwangerschafts-Heulanfall hin. Dem ersten von viiielen weiteren. Manche aus guten, die meisten aus ähnlich banalen und eine große Anzahl aus sogar noch unnötigeren Gründen als das Amazon-Pony. Am Anfang habe ich noch probiert, die Heulerei vor anderen zu verbergen. Oder zumindest zu rechtfertigen. Doch ein geschluchztes „Ich weiß auch ni-hi-hiiiicht, warum ich je-he-hetzt schon wieder heu-eu-eu-le ..." kannst du dir sparen. Die Antwort liegt auf der Hand: Du bist schwanger! Und voller neuer Hormone. Lass sie raus – im Zweifel durch die Tränendrüse. Kontrollieren lässt sich das meiner Erfahrung nach eh nicht. ✸

18

06 Ich kannte mal eine Silke, und die war doof.

Warum du feststellen wirst, wie viele Menschen du nicht leiden kannst

Du hast schon lange einen Wunschnamen für deinen Nachwuchs? Leider muss ich dir die Illusion rauben, dass das Thema „Namensfindung" dadurch für dich abgehakt ist. Denn nur, weil du unbedingt willst, dass deine Tochter Fee heißt, bedeutet das noch lange nicht, dass dein Partner oder deine Partnerin es okay findet, ein Kind nach einer Märchenfigur zu benennen. (Nein, dieses Beispiel ist nicht willkürlich gewählt, sondern beruht auf der Erfahrung der fantasievollen Autorin dieses Buches.) Wenn dann das große Namensuchen losgeht, wirst du dich wundern, welche Erinnerungsperlen dein Gedächtnis hervorbringt! Gerade habt ihr euch geeinigt, dass Ronja der perfekte Name ist. Da erscheint die popelnde Räubertochter mit dem hässlichen Pottschnitt aus der 4b vor deinem geistigen Auge. Nein, Ronja kann euer kleines Wunder auf keinen Fall heißen! Und auch eine blöde Johanna, Pia oder Diana kennt mindestens einer von euch beiden. Schnell stellt ihr fest: Alle guten Namen sind schon weg. Vergeben an Leute, die sie gar nicht verdient haben. Weil sie irgendwann irgendwo irgendwas Falsches gesagt oder getan haben. (Das ist übrigens um nichts besser, wenn's um einen Jungennamen geht, sorry.) Aber keine Sorge: Die Namenslisten dieser Welt sind lang. Und auch ihr werdet ganz sicher einen darauf finden, der perfekt zu dem neuen, wunderbaren Menschen in eurem Leben passt. Und wenn es – wie bei uns – erst im Kreißsaal so weit ist. ✳

07 Wann ist es denn so weit?

Warum du diese Frage bald nicht mehr hören kannst

Dicht gefolgt von „Was wird es denn?" entwickelt sich „Wann ist es denn so weit?" mit hoher Wahrscheinlichkeit bald zu deiner meistgehassten Frage – weil sie dir von jeder, gern auch wildfremden, Person gestellt wird. Dabei ist das Problem nicht die Frage an sich, sondern der Rattenschwanz an ungefragten Kommentaren, den sie mit sich zieht. „Oh, dafür ist der Bauch aber ganz schön klein/groß/dick/dünn!", zum Beispiel. Oder noch ein wenig distanzloser: „Und damit können Sie noch arbeiten/joggen/so schwer tragen/das Bett verlassen und auf die Straße gehen, was sind Sie überhaupt für eine verantwortungslose Person, Sie machen ja jetzt schon alles falsch, wie wollen SIE denn ein Kind großziehen?!?!" Okay, gut möglich, dass diese Botschaft auch nur die hormonell beeinflusste Empfängerin erreicht. Trotzdem Grund genug, einfach mit einem beherzten „Wie kommen Sie darauf, dass ich schwanger bin?" zu antworten, wenn dir die Fragerei einmal zu viel werden sollte. (Den ernsten Blick dazu am besten zu Hause vorm Spiegel üben.) ✳

08 Schlaf richtig aus, solange es noch geht.

Warum du jeden Schlaf-Ratschlag getrost ignorieren kannst

Schade, aber wahr: Man kann Schlafstunden während der Schwangerschaft nicht wie Bonuspunkte ansammeln. Du baust damit kein „Schlummerkontingent" auf, von dem du im Wochenbett zehren wirst. Die „Genieße den Schlaf, später geht es nicht mehr"-Sprüche mögen nett gemeint sein – in Wahrheit aber können sie ganz schön stressen (erst recht, wenn dein strampelndes Bauchbaby dich seit Wochen nicht mehr durchpennen lässt). Als wäre man eine schlechte Schwangere, wenn man nicht täglich neun Stunden in der Horizontalen verbringt. Versteh mich nicht falsch: Wenn du schlafen möchtest, dann schlaf. Unbedingt sogar! Aber wenn du dir lieber die Nächte mit deiner Lieblingsserie um die Ohren schlagen möchtest (oder etwas ganz anderes tun willst, das mit frisch geborenem Baby vermutlich schwer wird), dann mach das – ohne schlechtes Gewissen. ✸

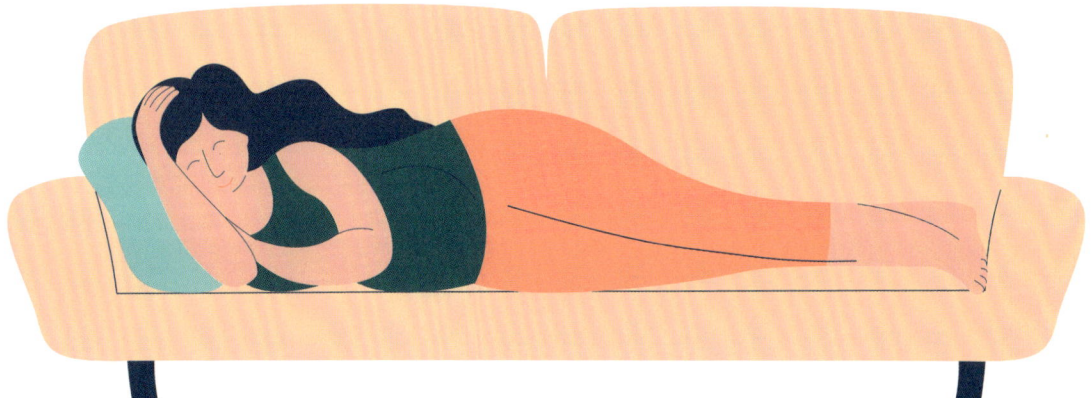

21

09 Darf ich mal anfassen?

Warum du unbedingt Grenzen setzen musst

Es ist erstaunlich, was deine Schwangerschaft mit deinem Umfeld macht. Damit meine ich nicht deine Familie und deine Freundinnen und Freunde – sondern den Rest der Welt. Wildfremde Menschen werden dich anlächeln, weil sie sich für dich und mit dir freuen. Das ist schön! Allerdings werden dich wildfremde Menschen auch anfassen. Mit einem gelächelten „Darf ich mal?" landet die Hand schneller auf deinem Unterleib, als du „AchDuMeineGüteNeinWarumDennIchKenneSieDochGarNicht" denken kannst. Das ist nicht schön. Um genau zu sein: Es ist höchst unangenehm und übergriffig.

Du magst fremde Hände auf deinem Körper genauso wenig wie ich? Meiner Erfahrung nach hilft da nur eins: ein deutliches „Nein". Und keine Sorge: Es werden sich trotzdem noch genug Menschen für dich freuen – auch wenn sie deinen Bauch nicht anfassen dürfen. ✳

Gastautor

Matthias Luck
ist als regionaler Verkaufs-
leiter in der Hotellerie und
Gastronomie zu Hause.
Die Mutter seiner vier
Kinder ist ausgebildete
Hebamme.

10 Same, same, but different.

Warum eine Schwangerschaft selbst für Expertinnen ein großes Abenteuer ist

Egal ob Frau oder Mann, es ist überwältigend zu realisieren, dass der eigene Nachwuchs unterwegs ist! Was müssen wir alles kaufen, wie dekorieren wir das Zimmer, wann und wie erzählen wir es wem, welche Namen gefallen uns, magst du dieses Kinderwagenmodell lieber oder das? Fragen über Fragen stürmen auf einen ein. Aber auch Sorgen und Befürchtungen – und bei der Frau ein Haufen Hormone. Was ist man da heilfroh, wenn einem eine Hebamme zur Seite steht!

Nur dass in unserem Fall meine Frau selbst Hebamme ist. Also vom Fach. Ein Riesenvorteil, oder? Nun, es ist natürlich super-hilfreich, wenn so umfangreiche Vorkenntnisse vorhanden sind. Aber gleichzeitig haben diese Vorkenntnisse dafür gesorgt, dass meine Frau sich in der Schwangerschaft auch Gedanken gemacht hat – aber halt andere als eine „normale" Schwangere. Als Hebamme wird man schließlich darauf geschult, nach den Dingen zu suchen, die eben nicht „normal" verlaufen.

Dabei ist meine Frau nicht nur in der Theorie Schwangerschaftsexpertin, sondern auch in der Praxis: Wir haben vier Kinder. Das heißt, sie war schon viermal in ihrem Leben schwanger! So viel Expertenwissen – und ich sage euch trotzdem: Meine Erfahrung, die ja auch vierfach ist, ist, dass jede Schwangerschaft und jede einzelne Situation in ihr immer wieder aufregend und neu und überwältigend ist – für beide werdenden Eltern. Hebamme, mehrfache Mutter oder mehrfacher Vater hin oder her. Doch eines blieb jedes Mal gleich: Immer, wenn eines unserer Kinder in ihrem Bauch wuchs, wuchs auch meine Vorfreude ins Unermessliche. Im Namen aller Männer deshalb ein riesiges DANKE an alle Frauen. ✳

10 DINGE
ÜBER DIE
ERSTAUSSTATTUNG,
DIE IN KEINEM
ELTERNRATGEBER
STEHEN.

11 Awww, das Kleidchen!
Ist das nicht süß?

Warum du (mindestens) die Hälfte deiner Erstausstattung niemals brauchen wirst

Ja, ich weiß: Ein Body mit integriertem Mini-Tüllrock sieht einfach zum Niederknien niedlich aus. Und auch diese süße Latzhose aus reiner Wolle und die Mini-Bluse mit Knopfleiste am Rücken sind wahre Erstausstattungs-Must-haves. Also, zumindest für den Moment der Geschenkübergabe. Wenn werdende Großeltern, Tanten in spe oder aufgeregte Freundinnen stolz ihren wertvollen Beitrag für die Babygarderobe überreichen. Oder wenn du selbst mit dicker Babybauchkugel auf Shopping-Tour gehst, um schon einmal den Schrank im Kinderzimmer zu füllen. Und wer weiß: Vielleicht werden die modischen Outfits sogar beim Neugeborenen-Shooting für die Ewigkeit festgehalten?

Doch jetzt kommt die traurige Wahrheit: Das wird mit an Sicherheit grenzender Wahrscheinlichkeit der einzige Einsatz der schicken Baby-Fashion bleiben. Alles, was nicht bei 60 Grad waschbar ist, wirst du ganz intuitiv aussortieren, sobald du das erste Mal miterlebt hast, was so alles aus einem Baby rauskommt – ohne Rücksicht auf anspruchsvolle Materialien oder Markennamen.

Als Nächstes wirst du realisieren, dass dein Kind fast rund um die Uhr auf dem Rücken liegt oder sowieso komplett vor aller Augen verdeckt in der Trage hängt. Und dass Knöpfe, Schleifchen und anderer Zierrat deshalb auf einem Baby nichts verloren haben – erst recht nicht auf seiner Rückseite. Und mal im Ernst: Wenn wir zu Hause auf der Couch chillen, streifen wir uns ja auch nicht den Ballerinarock aus Tüll und die Rüschenbluse mit Knopfleiste über. Warum sollte ein Baby sich darin wohlfühlen?

Natürlich darf die Freude über das süße Baby-Outfit riesig sein! (Mein persönliches Geschenke-Highlight war ein echtes Chanel-Kostüm (kreisch!!) in Größe 56, das meine Tochter immerhin zwölf ganze Minuten anhatte, bevor ihr die Milchspucke hochkam.) Aber wenn dir jemand zur Geburt ein unspektakuläres Fünfer-Set dunkler Bodys schenkt, das sogar die Kochwäsche überlebt (und das muss es), dann denk daran: Diese Person weiß wirklich, was du in den nächsten Wochen brauchen wirst. Und verdient für ihr vermeintlich langweiliges Geburtsgeschenk das dickste Dankeschön von allen. ✳

12 Und wie zieht man das jetzt an?

Worauf du bei Kinderkleidung wirklich achten solltest

Irgendwo ist sicher auch dir schon dieser Spruch begegnet: „Ein Baby anzuziehen fühlt sich so an, als probiere man, einen Oktopus in ein Einkaufsnetz zu stopfen, ohne dass einer der acht Arme heraushängt." Das ist natürlich Quatsch.

Wobei ... Der Teil mit den acht Armen kommt einem schon real vor. Und der mit dem Einkaufsnetz auch. Und ja, beweglich und manchmal glitschig wie ein Oktopus ist so ein kleiner Mini-Mensch auf jeden Fall. Aber eben auch deutlich zerbrechlicher – zumindest in der Vorstellung der frischgebackenen Eltern. Statt Gliedmaßen irgendwo „hineinzustopfen", wirst vermutlich auch du die ersten Tage und Wochen die Ärmchen und Beinchen darum behutsam wie rohe Eier behandeln. Und erst das kleine Köpfchen! Wenn du das erste Mal über die sooo weiche Kopfhaut gestreichelt hast, wird dir die Öffnung in Bodys und anderen Textilien mindestens so übertrieben beengt vorkommen wie der Geburtskanal. Wirklich wichtig bei der Auswahl geeigneter Babykleidung ist also nicht nur die Waschbar-, sondern auch die leichte Anziehbarkeit. Mein absoluter Favorit, den ich viel zu spät entdeckt habe: Wickelbodys. Die haben vorn auf der Brust Druckknöpfe, sodass du dich um das quälende Köpfchen-irgendwo-hindurch-Bugsieren komplett drücken kannst. Damit hören zumindest schon mal gefühlte fünf von acht Baby-Oktopus-Ärmchen auf dein Kommando. (Der Rest ist einfach Übung, versprochen!) ✳

13 Haben wir alles von der Liste?

Warum deine Liste Quatsch ist (sorry)

Versteh mich nicht falsch: So eine Das-musst-du-dir-unbedingt-als-Erstausstattung-anschaffen-Liste kann hilfreich sein. Immerhin stehen auf ihr Dinge, die du Zeit deines kinderlosen Lebens vermutlich gar nicht kanntest. (Oder wusstest du vor deiner Schwangerschaft, dass Babys in Schlafsäcken schlafen? Ich nicht!) Abgesehen davon kann sie aber vor allem eines: verwirren. Spätestens dann, wenn du zwei (oder zwölf) verschiedene Listen nebeneinanderlegst. Und feststellst, dass du zwei (oder zwölf) verschiedene Angaben zu so gut wie jedem Punkt bekommst. Braucht man nun vier Langarm-Bodys oder zehn? In Größe 50 oder 56 oder gar 62? Muss ich zwei Schnuller kaufen oder acht? Warum steht auf der einen Liste Windelgröße 1, auf der anderen aber Größe 2? Und wie kann es sein, dass Wippe, Pucktuch und Fußsack hier als Must-have gekennzeichnet sind und dort nicht einmal auftauchen?
UND WAS ZUM GEIER IST ÜBERHAUPT EIN PUCKTUCH?!?
Die Antwort ist für alle Fragen dieselbe und sehr einfach: Die Person, die eine solche Liste schreibt, kennt dich und dein Baby nicht! Sie kann nicht wissen, wie groß dein Baby bei der Geburt ist, ob es überhaupt einen Schnuller nimmt, ob es gern gepuckt (also fest in einem Tuch eingewickelt) wird und ob du stillen wirst oder nicht. Sie weiß auch nicht, ob ihr Platz für eine Wickelkommode habt oder ob ihr euer Baby einfach auf dem Bett wickeln wollt. Ob es lieber im Kinderwagen geschoben oder in der Trage getragen wird. Und ganz bestimmt weiß sie nicht, wie oft dein Baby sich vollspucken oder seine Windel zum Überlaufen bringen wird – und wie viele Wechselbodys ihr dafür im Schrank liegen haben solltet. Und das weißt übrigens auch du zu dem Zeitpunkt, an dem du in Versu-

chung kommst, solche Listen zu beackern, noch nicht. Aber keine Sorge: Das alles wirst du ganz schnell herausfinden. Und bis dahin lass dich bitte nicht von einer (oder zwölf verschiedenen) Erstausstattungs-Liste(n) verrückt machen. Übrigens: Selbst, wenn am Ende dann doch etwas Wichtiges fehlen sollte, ist das noch lange kein Grund auszuflippen – nicht mal, wenn dein Baby schon auf der Welt ist (siehe Punkt 17). ✳

14 Oh, toll! Noch ein Teddy!

Warum du lernen musst, konkrete Wünsche
zu formulieren

Ich mache es kurz: Kein Neugeborenes braucht
Kuscheltiere. Erst recht nicht 17 davon. Ja, die
sehen superknuffig aus, ich weiß! Bis ich selbst
Mutter war, habe auch ich jeder frischgebackenen Mama zur Geburt ihres Kindes
irgendein gehäkeltes oder
gestricktes Etwas geschenkt.
Und so sicher wie die Wehe
im Kreißsaal wirst auch du
nach der Geburt mit süüüßen
Stoffbären und Kuschelhasen
überhäuft werden, mit denen
dein Baby noch gar nichts anfangen kann. Dagegen kannst
du wenig tun. Außer das hier: Falls
jemand dich fragt, was du dir zur Geburt
wünscht, sei einfach ehrlich. „Wir haben noch
keine Wickelauflage" klingt als Wunsch unro-
mantischer, als er ist. Immerhin wirst du dieses
Geschenk jahrelang wirklich brauchen, und zwar
mehrmals täglich. ✸

15 Ich hab da noch was für euch.

Warum du auch lernen musst, „Nein danke" zu sagen

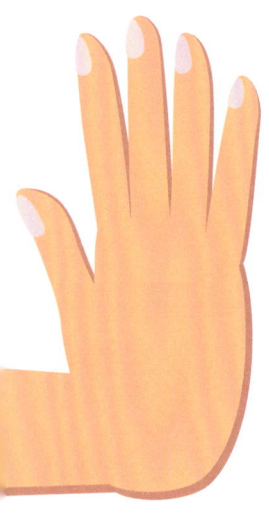

Gebrauchte Kindersachen von Freunden und Verwandten zu übernehmen ist sinnvoll, preiswert und umweltschonend. Aber Vorsicht! Manche Mütter sehen in deinem ungeborenen Baby vor allem eins: Kundschaft für ihre Flohmarktkiste. Das kann ungewohnt (aber immerhin noch praktisch) sein, wenn dir unaufgefordert eine Preisliste mit Secondhand-Ausstattung zugemailt wird. Betreff: „Hab gehört, du bist schwanger – willst du uns was abkaufen?" (Ja, das ist mir genau so passiert.)

Wirklich unangenehm wird es, wenn dir Plastiktüten voller gebrauchter Klamotten in die Hand gedrückt werden. Und deine perplexe Höflichkeitsnachfrage „Äh, was wollt ihr denn dafür haben?" nicht mit „Die sind natürlich geschenkt!" beantwortet wird, sondern mit einem resoluten „100 Euro wären toll, da sind echt ein paar wertige Teile dabei". 100 Euro, die du dann immer noch völlig überrumpelt und überfordert per PayPal überweist. Wohlgemerkt, für Dinge, die du nie haben wolltest. (An dieser Stelle würde ich so gern schreiben, dass ich mir diese Geschichte ausgedacht habe. Aber auch sie ist exakt so geschehen.)

Was ich sagen will: Du bist schwanger, kein Endlager für ausrangierte Babykleidung und -ausstattung. Und nicht jedes Angebot ist so nett gemeint, wie es auf den ersten Blick scheint. Wenn dir also das Nein-Sagen so schwerfällt wie mir, ist genau jetzt eine wunderbare Zeit, es zu üben. ✳

16 Da wächst es noch rein.

Warum du nicht alles „auf Zuwachs" kaufen solltest

Ja, Babys wachsen. Und ja, sie wachsen schnell.
Das weißt du, und das weiß ich, und das weiß jeder
Mensch, der dir zur Geburt deines Kindes Kleidung schenken wird. Der Effekt bei unserem ersten Kind war folgender: Wir kauften alles eine Nummer größer. Die Großeltern kauften alles zwei Nummern größer. Freundinnen und Freunde, Onkel und Tanten, kurzum, jeder und jede kaufte die Kleidung für unser Baby zu groß ein. Und als der ahnungslose Nachwuchs vollkommen textilfrei das Licht dieser modebewussten Welt erblickte, hatte er so gut wie nichts anzuziehen, das ihm wirklich passte. Sein Schrank voller Dinge, in die er ja „noch reinwachsen" konnte, war hilfreich ab dem vierten oder fünften Lebensmonat. Doch für die ersten Wochen zu Hause waren wir tatsächlich noch einmal Speed-Shoppen – um Kleidung zu besorgen, die nicht viermal gekrempelt werden muss, damit sie passt. Merke: „Auf Zuwachs" kaufen ist gut. „Passend" kaufen aber auch. ✳

17 Hilfe! Wir haben noch keinen Windeleimer!

Warum du nicht panisch werden musst, wenn irgendetwas fehlt

Entwarnung: Genau wie Babyklamotten in der richtigen Größe lässt sich jede andere Sache auch dann noch besorgen, wenn dein Kind bereits auf der Welt ist.

Es fühlt sich gerade wahnsinnig gut an, diese souverän klingenden Worte zu schreiben. Fast so, als sei ich damals nicht komplett ausgetickt. Natürlich bin ich das! Nicht nur und erst, als ich feststellte, dass die meisten unserer Babyklamotten nicht passten. Schon im Kreißsaal fiel es mir wie Söckchen von den Babyfüßen, dass wir noch gar keinen Windeleimer besaßen. ACH DU HEILIGER BABYSTUHLGANG, wo sollten wir nur die ersten vollgemachten Windeln unseres kleinen Wunders entsorgen?!? Etwa in einem stinknormalen Mülleimer mit Deckel, der NICHT den Namenszusatz „Windeleimer" trägt?

Zwischen zwei Wehen presste ich also meine sehr konkreten Wünsche an das fehlende und aus meiner Sicht unverzichtbare Produkt heraus. Und siehe da: Die frischgebackene Oma war happy, dass sie ein sinnvolles Besorgungs-To-do hatte. Und noch am selben Abend stand der pastellfarbene Windeleimer meiner Träume in unserem Badezimmer. Ungenutzt natürlich. Denn ich lag ja noch auf der Wochenbettstation. Sollte also wirklich noch eine Sache von deiner Liste (die du trotz Punkt 13 hast, sei ehrlich!) fehlen: Kein Grund zur Panik. ✳

18 Schatz, haben wir noch Windeln?

Warum du bei dieser einen Sache doch panisch werden darfst

Der letzte Satz von Punkt 17 gilt nicht für Windeln. Wenn du keine Windeln mehr im Haus hast, ist Panik angebracht. (Ja, hier spricht die Erfahrung einer windellosen Nacht aus mir.) ✹

19 Bin ich eigentlich die einzige Schwangere, der das alles zu viel wird?

Warum es vollkommen okay ist, ein klein bisschen durchzudrehen

Kommen wir zu meinem persönlichen Ich-bekomme-ein-Baby-und-verliere-darüber-ganz-offensichtlich-meinen-Verstand-Tiefpunkt. Der war erreicht, als ich die (viel zu große, siehe Punkt 16) Babykleidung in Vorbereitung auf den großen Tag schon einmal waschen wollte. Mindestens zweimal soll man das tun. So stand es in meinem Elternratgeber. Nur: Ob man sie zwischen den beiden Waschgängen trocknen muss, das stand da nicht.

Dadurch ergaben sich drei Möglichkeiten. Erstens: Wäsche zwischen den Waschgängen trocknen. Zweitens: Wäsche zwischen den Waschgängen nicht trocknen. Drittens: Vier Stunden lang Online-Elternforen durchsuchen nach der Antwort auf die Frage, wie andere Mütter diese unmenschliche Entscheidung gefällt haben, dabei regelmäßig in kleine, aber heftige Heulanfälle ausbrechen und schließlich völlig erschöpft und verheult über der ersten Ladung (nasser) Wäsche einpennen. Klingt übertrieben? Ist es auch. Aber exakt so geschehen. Ja, ich schäme mich heute dafür. Und schreibe es genau deshalb hierhin. Damit du dich nicht schlecht fühlst, wenn du gerade ein kleines bisschen durchdrehst vor Aufregung. Glaub mir: Die anderen Schwangeren tun das auch. ✳

20 Das muss man haben! Oder nicht?

Warum du auf manche Anschaffungen getrost verzichten kannst

Ich LIEBE es, neue Dinge für den Haushalt anzuschaffen. Wenn ich ein geniales, ausgefallenes technisches Gerät sehe, das womöglich auch noch im Sonderangebot ist, schalte ich um auf Kaufmodus. Zugegeben: manchmal vielleicht zu schnell. Den Mini-Dönerspieß für den Heimgebrauch zum Beispiel haben wir ehrlicherweise noch nicht sooo oft benutzt. Jedenfalls war die Liste mit nötigen Anschaffungen für unser erstes Kind für mich keinesfalls eine Last, im Gegenteil: Ich freute mich über die Shopping-To-dos, um die ich mich kümmern sollte! Allen voran über diejenigen mit Stromkabel und Stecker: Ist ja klar, dass ich uns die Crème de la Crème der Wickeltisch-Wärmelampen besorgt habe, den Ferrari unter den Heizstrahlern! Mehrfach stufenverstellbar, easy zu installieren und natürlich beeindruckend schick im Design. Das kam die erste Zeit allerdings nur auf der Fensterbank hinter der Gardine zur Geltung – denn so easy zu installieren war mein Ferrari dann doch nicht. So was muss man ja auch richtig machen, also richtig sicher, damit nichts herabfallen kann und so. Das sollte man schon in aller Ruhe tun. Und mit Ruhe haben die ersten Wochen nach der Geburt des eigenen Kindes bekanntermaßen wenig zu tun. Aber keine Sorge: Pünktlich zum Winterbeginn hing mein Erstausstattungsstolz dann an der Wand.

Gastautor

Bano Diop
ist Veranstaltungsplaner
und Host des Eventmanage-
ment-Podcasts. Am liebsten
aber plant er große und
kleine Abenteuer für seine
beiden Söhne.

Das Edelstahl-Design bereicherte die Raumoptik enorm, und die verschiedenen Wärmestufen beeindruckten natürlich vor allem meinen Sohn nachhaltig (nehme ich an, gesagt hat er dazu natürlich nichts).

Nur sich selbst automatisch abschalten, das konnte der Ferrari unter den Wärmelampen irgendwie nicht. Was zur Folge hatte, dass wir einen Winter lang nicht nur unseren Sohn beim Wickeln wärmten, sondern regelmäßig auch den gesamten Raum auf gefühlte 2.000 Grad Celsius aufheizten, weil wir ständig vergaßen, das Mistding wieder abzuschalten. Und natürlich war dann vor allem der Wickeltisch so erhitzt, dass man hier vielleicht einen Mini-Döner hätte braten können, aber ganz sicher kein Baby mehr wickeln. Macht nichts: Das kann man ja auch auf dem Fußboden oder auf dem Bett. Funktioniert übrigens klasse ganz ohne Lampe.

Und dass man auch auf dem Wickeltisch wunderbar ohne Heizstrahler auskommt, kann unser zweiter Sohn bestätigen: Der kam im Mai zur Welt. Es war warm, die Lampe blieb aus. Und wurde seither nie mehr angestellt. Natürlich halte ich sie trotzdem in Ehren und verwahre sie in meiner Sammlung (nicht ganz so) sinnvoller Geräte-Anschaffungen. Direkt neben dem Mini-Döner-Spieß. Und der zusammenklappbaren Sitzvorrichtung für Babybadewannen. Aber das ist eine andere Geschichte. ✹

10 DINGE ÜBER DIE GEBURTSVORBEREITUNG, DIE IN KEINEM ELTERNRATGEBER STEHEN.

21 Du musst doch nicht aufgeregt sein.

Warum es, ganz im Gegenteil, vollkommen normal ist, absolut maximal hyper-aufgeregt zu sein

Natürlich weißt du, wie ein Kind zur Welt kommt. So ganz grundsätzlich und generell zumindest. Aber wenn es einen plötzlich selbst betrifft – und dann auch noch zu einem sehr absehbaren Zeitpunkt, der einerseits jeden Tag unaufhaltsam ein Stückchen näher rückt, dabei andererseits überhaupt nicht verlässlich ist und damit jeden Countdown ad absurdum führt –, betrachtet man den Vorgang der Entbindung noch einmal mit ganz anderen Augen. Und mit neuen Fragen: Ist das wirklich so schlimm, wie alle immer sagen? Oder noch viel schlimmer? Wie weh tut eine Geburt wirklich? Werde ich das aushalten? *Wie* werde ich das aushalten? Und was, wenn ich es nicht aushalte? Werde ich das schaffen?

Ich werde dir diese Gedanken nicht ausreden. Das wäre heuchlerisch. Denn ich hatte sie selbst. Und ich weiß aus Erfahrung, dass all das gute Zureden, all die „So schlimm wird das schon nicht"-Floskeln und vor allem das Loriot-hafte Argument, es hätten schon sooo viele Frauen vorher ein Kind zur Welt gebracht und die hätten es schließlich auch geschafft (alias „Es muss gehen, andere machen es doch auch") gar nichts bringen, wenn sich die Angst vor der Entbindung erst einmal verfestigt hat. Im Gegenteil. Diese Sprüche sind genauso hilfreich wie ein „Jetzt beruhig dich erst einmal" während eines cholerischen Anfalls.

Abgesehen davon: Ich finde es vollkommen okay, sich angesichts der bevorstehenden Entbindung nicht nur unfassbar zu freuen, sondern auch ein kleines bisschen zu fürchten. Du bringst an diesem Tag neues Leben zur Welt. Du. Klar, es werden Profis dabei sein, die das schon zigmal, vielleicht Hunderte Male, gemacht haben. Also, nicht das Zur-Welt-

Bringen, sondern das Dabeisein. Und genau das ist der Punkt: Egal, wie viel medizinische und seelische Unterstützung du hast – das Kind bringt nicht die Hebamme oder die Doula, nicht der Arzt oder die Ärztin auf die Welt. Das machst ganz allein du. Und was, wenn nicht das, wäre ein besserer Grund, um ein kleines oder sogar ein großes bisschen Angst zu kriegen?

Deine gemischten Gefühle und turbulenten Gedanken sind meiner Meinung nach also nicht nur normal, sie sind absolut legitim. Aber eines kann ich dir aus Erfahrung ebenfalls sagen: Sobald du dein Kind im Arm hältst, sind sie sowieso vergessen. ✳

22 Der Kreißsaal hat eine richtig schöne Tapete.

Warum manche Dinge wirklich vollkommen egal sind

Jetzt, wo das meiner Meinung nach Wichtigste in diesem Kapitel geschrieben ist, kommen wir zu einer der banaleren Fragen rund um die Geburtsvorbereitung. So banal, dass du sie nach dem Lesen direkt von deiner gedanklichen To-care-about-Liste streichen kannst, sollte sie dich stressen. (Falls sie dir Freude bereitet, lass sie natürlich unbedingt drauf!) Mich hat die folgende Frage gestresst. Weil ich sie nie selbst gestellt habe. Das haben andere Eltern in spe getan – und mich so darauf gestoßen, welche Gedanken ich mir bisher nicht gemacht hatte.
Ich rede von: „Wie sieht denn der Kreißsaal aus?"

Klar: Wie der Raum, in dem ich mein Kind zur Welt bringen soll, grundsätzlich ausgestattet ist, interessiert mich schon. Und wie weit die nächste Toilette entfernt ist (das interessiert mich auch unabhängig vom Kinderkriegen immer). Doch selten kam ich mir so blöd vor wie an dem Tag unserer Kreißsaalbesichtigung, als die Frau neben mir sich lautstark erkundigte, in welchen Farben denn die anderen Kreißsäle gestrichen seien, da ihr die Wandfarbe des gerade besichtigten nicht zusage. Ad hoc entspann sich eine angeregte Diskussion unter allen Anwesenden über die beruhigende Wirkung eines wärmenden Salbeigrüns auf den Geburtsvorgang. Also, unter allen – außer meinem Mann und mir.

Und plötzlich kroch dieses fiese Gefühl in mir hoch, das im Laufe des Elterndaseins zum ständigen Begleiter wird: das Gefühl, etwas nicht richtig gemacht zu haben. Eine wichtige Sache unterschätzt, falsch eingeordnet oder schlicht vergessen zu haben. Was für eine Mutter soll aus mir werden, wenn es mir komplett egal ist, ob mein Kind in eine salbeigrüne oder libellengelbe Wärme geboren wird? Und was, wenn am Tag der Geburt nur der schneeweiße Kreißsaal frei ist? Gebäre ich dann ein gefühlskaltes Wesen?!?

Ich habe mir noch Tage nach der Besichtigung schrecklich viele Gedanken über die beknackte Wandfarbe gemacht. Nur, um irgendwann nach der Geburt festzustellen, dass ich am großen Tag gar nicht darauf geachtet habe. Ich kann mich schlicht nicht daran erinnern, in welchem Farbkonzept ich mein erstes Kind zur Welt gebracht habe. (Mein Mann übrigens auch nicht.) Aber wenn ich mir unseren Sohn heute anschaue und sehe, mit wie viel menschlicher Wärme und Mitgefühl er durch die Welt geht, bin ich sicher: Falsch kann daran nichts gewesen sein. ✹

23 Was? Dein Mann geht nicht mit zum Vorbereitungskurs?

Warum ihr selbst am besten wisst, was für euch richtig ist

Geburtsvorbereitungskurse werden mit und ohne Partner angeboten, über mehrere Wochen und als Crashkurs, für Erstgebärende und für Schwangere mit Kind, live vor Ort und mittlerweile auch online. In deinem Elternratgeber steht vermutlich so etwas wie „Suche dir den Geburtsvorbereitungskurs aus, der am besten zu dir passt!".

Was da nicht steht: Egal, für welchen Kurs du dich entscheidest – es wird jemanden geben, dem deine Wahl nicht passt. Weil der Vater des Kindes doch auf jeden Fall den Kurs mit dir besuchen sollte, komme, was wolle (obwohl du genau das nicht vorhast). Oder weil genau das als Quatsch abgetan wird, und du plötzlich als Pregzilla* giltst, weil du den armen, unschuldigen Erzeuger eures gemeinsamen Nachwuchses zum Wochenend-Vorbereitungskurs mitschleppst.

Ganz im Ernst: Mach das mit dem Geburtsvorbereitungskurs bitte genauso, wie es dir guttut. Denn für kaum etwas anderes ist dieser Kurs da: Er soll dir guttun. Und dir die Ängste und Sorgen vor der Geburt nehmen. Ob das mit oder ohne Partner, im wöchentlichen Kurs oder an drei Tagen am Stück am besten für dich funktioniert, das weißt nur du. ✹

* Den Begriff hast du noch nicht gehört? Das freut mich! Und ich hoffe, es bleibt so (bis auf meine kurze Erklärung). Denn diese Zusammensetzung aus dem englischen Wort für schwanger („pregnant") und „Godzilla" wird abfällig für Schwangere verwendet, die sich angeblich in herumkommandierende und motzende „Monster" verwandeln.

24 Toll! Dann werden wir ja gleichzeitig Mutter!

Warum nicht jede Schwangere deine neue Freundin sein muss

Egal, für welchen Kurs du dich entscheidest, eines wird es dort auf alle Fälle geben: andere werdende Mütter. Vielleicht sind sie dir sympathisch. Vielleicht entstehen in diesem Kurs Freundschaften, die sogar über die Geburt, die Elternzeit, den Kita-Alltag und gar die Einschulung hinaus bestehen bleiben (so geschehen bei einer guten Freundin von mir) und für die du ewig dankbar sein wirst.

Vielleicht stellst du aber auch schon in der Begrüßungsrunde oder beim ersten „Aus der Plazenta lassen wir nach der Geburt ein Wandgemälde anfertigen"-Spruch fest, dass du gerade inmitten von dickbäuchigen Frauen sitzt, von denen unter nicht-schwangeren Umständen keine einzige einen Platz in deinem Leben (geschweige denn in deinem Herzen) finden würde. Und das ist okay! Dass ihr zeitgleich ein Kind erwartet, macht euch nicht zu Seelenverwandten. Natürlich sind Freundschaften zu anderen Eltern hilfreich und wertvoll! Aber du musst sie nicht auf Krampf schon jetzt finden. Du wirst noch so viele Babyschwimm-, Krabbel-, PEKiP-, Musik- und andere Kurse besuchen, dass du mehr als genug Gelegenheiten zum Kontakte- und Freundschaftenknüpfen bekommen wirst. Mit Frauen, die wahrscheinlich auch dann deine Freundinnen geworden wären, wenn ihr beide kein Baby hättet. ✳

49

25 Bist du sicher, dass du das so machen willst?

Warum dir die Meinung von fremden Frauen egal sein sollte

Vermutlich bin ich paranoid, was Zweck-Freundschaften mit anderen Schwangeren anbelangt. Denn bei mir endeten die gemeinsamen Geburtsvorbereitungsstunden in regelrechten Interventionen mit Themen wie: „Bist du sicher, dass du dein Kind im Universitätsklinikum bekommen möchtest? Da bist du nur eine Patientennummer, mehr nicht. Willst du das wirklich?" Natürlich war ich mir sicher – bis zu dem Zeitpunkt, an dem die Mehrheit der Kursteilnehmerinnen mir mit dieser Frage auflauerte.

Wir Mütter sitzen alle im selben verdammt schwer zu steuernden Boot, und allein das Mutterdasein verbindet uns auf wunderbare Weise. (Meine Begeisterung für den Gedanken, dass wir einfach eine riesengroße „Gang of Moms" sein sollten, kannst du in Punkt 99 ausführlich nachlesen.) Aber das bedeutet nicht, dass jede andere (werdende) Mutter dir mit ihren Ratschlägen und Meinungen guttut. Erst recht nicht, wenn du anfangen musst, dich für deine Meinungen zu rechtfertigen.

Also: Auch wenn wir Mamis dasselbe aufregende Abenteuer erleben – die Bedingungen für deines legst immer noch du selbst fest. ✴

26 Und dann den Schmerz einfach wegatmen.

Warum man manche Dinge eh nicht trainieren kann

Jede Geburt ist anders. Und jedes Schmerzempfinden auch.
Zur Sicherheit betone ich daher: Die folgende Aussage ist subjektiv.
(Obwohl sie mir von zahlreichen Müttern exakt so bestätigt wurde.)
Bereit? Los geht's:

MAN KANN DEN GEBURTSSCHMERZ NICHT WEGATMEN!

Ich habe mir in meinem Leben schon beide Handgelenke gleichzeitig gebrochen, eine Wurzelspitzenresektion und eine missglückte Panaritium-Operation erlebt (google das Letzte nicht, es ist sau-eklig). Und nichts davon hat auch nur im Ansatz den Schmerzlevel einer Wehe in der Austreibungsphase erreicht (trotz PDA). Die Idee, dass das richtige Atmen einem hilft, diesen Ausnahmezustand zu überstehen, ist schön. Aber auch trügerisch. Natürlich entspannt tiefes Ein- und Ausatmen den Körper – selbst in der Extremsituation, in der du dich unter der Geburt befindest. Aber der Schmerz? Der bleibt. Und wie.

Jetzt die gute Nachricht: Es ist nicht tragisch, wenn du mal eine Einheit deines Geburtsvorbereitungskurses versäumst, weil dir gerade mehr nach Schlafen als nach Gesellschaft ist. Du verpasst keinen mysteriösen Anti-Schmerz-Atem-Trick, der den Wehenschmerz überlistet. Klar helfen die Atemübungen, um sich mit bestem Gefühl auf den großen Tag vorzubereiten. Aber jetzt bist du vielleicht ein klein wenig weniger schockiert, wenn du im Moment der Momente realisierst, dass der verdammte Schmerz bleibt, ganz egal, wie schnell, langsam, regelmäßig, unregelmäßig, tief oder flach du atmest. ✳

27 Kleingeld, Unterhosen und eine Videokamera?

Was wirklich in deine Krankenhaustasche gehört

Für die Liste, was alles in deine Krankenhaustasche gehört, gilt dasselbe wie für deine Erstausstattungsliste (siehe Punkt 13): Sie ist vermutlich Quatsch. Das kann daran liegen, dass sie veraltet ist. (Beispiel gefällig? Auf der, die mir im Jahr 2014 ausgehändigt wurde, stand „Videokamera mit Akku" und „Kleingeld zum Telefonieren" drauf.) Oder einfach daran, dass sie voll sein wird mit Dingen, die du entweder sowieso eingepackt hättest. Denn, seien wir ehrlich, eine Zahnbürste und gemütliche Schlaf-klamotten sind ja nichts, was man nicht ohnehin für jede Art von Fremd-übernachtung benötigt. Oder mit Dingen, die du gar nicht brauchen wirst – und deren Anschaffung dich im Vorfeld nur verrückt macht.

So war es zumindest bei mir und der „Unterwäsche aus 100 % Baum-wolle", die in großen Lettern auf meiner Liste prangte. Es war mir bis zu diesem Zeitpunkt nicht bewusst, aber jeder einzelne bequeme Schlüpfer in meiner Unterwäscheschublade enthält doch tatsächlich Kunstfasern! Gut, es sind oft nur zwei oder fünf Prozent. Aber auf der Liste stand nun einmal nicht „Unterwäsche aus 95 % oder 98 % Baumwolle". Also trieb ich nicht nur mich, sondern auch die Verkäuferinnen anliegender Geschäfte langsam, aber sicher in den Wäschewahnsinn („Hallo, ich bin's wieder, Sie erinnern sich? Ja, genau, wegen der Unterwäsche aus 100 % Baum-wolle. Ich wollte nur fragen, ob es vielleicht neue Model... nein? Mhm. Verstehe. Wie, nicht mehr anrufen? Hallo? Sind Sie noch dran?"). Letzt-endlich beruhigte ich mich halbwegs mit dem Gedanken, dass wohl jede Unterhose, die ein elastisches Gummiband hat, aus einem kleinen Anteil Polywasauchimmer bestehen muss. Und dass ich mein Kind auch in die-

se Welt setzen kann, wenn mein Unterleib anschließend nur in 98 % Baumwolle gehüllt ist.

Klingt übertrieben und zum Lachen? Warte, die wahre Pointe kommt noch: Keinen einzigen meiner 98%-Baumwoll-Schlüppis habe ich im Krankenhaus gebraucht, weil man nach der Geburt ohnehin in Netzhöschen aus Wegwerfmaterial gesteckt wird (mehr zu diesem modischen Höhepunkt liest du in Punkt 43). Die bestehen übrigens – halt dich fest – zu 100 % NICHT aus Baumwolle.

Lange Rede über meine Unterwäsche, kurzer Sinn: Stress dich nicht wegen der Krankenhaustasche. Pack gemütliche (Schlaf-)Klamotten ein, mit denen du auch stillen kannst (wenn du das vorhast), Hausschuhe, ein Handtuch, vielleicht noch einen Müsli- oder Lieblingsschokoriegel. Der Rest ist reine Geschmackssache und kann – wenn nötig – auch (fast) jederzeit nachgekauft werden. (Bei akuter Schwangerschaftsdemenz oder großer Aufregung vor überraschender Entbindung – und noch nicht gepackter Kliniktasche – kann es übrigens gut passieren, dass so etwas Wesentliches und Natürliches wie eine Zahnbürste vergessen wird. Warum es aber sogar richtig gut sein kann, etwas zu vergessen, liest du in Punkt 33.) ✳

28 Für die Geburt mach ich mich so richtig hübsch!

Warum du dir die Maniküre klemmen kannst

Ich verstehe den Wunsch, sich am großen Tag besonders wohl in der eigenen Haut fühlen zu wollen, so, so gut! Ich wollte das auch – und hab mir wenige Tage vor errechnetem Geburtstermin das volle Programm gegönnt: Spitzen schneiden, Wimpern färben, Pedi- und Maniküre. Wer weiß, vielleicht entsteht ja ein schöner Schnappschuss kurz nach der Geburt – und wenn ich darauf schon völlig fertig und verschwitzt aussehe, sollen wenigstens meine Hände gemacht sein. Stolz trug ich also nicht nur meinen Babybauch, sondern auch meine übertrieben pink lackierten Nägel vor mir her, klimperte mit den Wimpern und fühlte mich wie die (zumindest optisch) bestvorbereitete Schwangere der Welt. Wann immer es auch losgehen würde: Ich würde dabei toll aussehen!

Bis es wirklich losging. Und ich für meine lackierten Nägel keine bewundernden, sondern genervte Blicke erntete. Was ich nicht wusste (und was mir auch in all den geburtsvorbereitenden Atemübungsstunden kein Mensch gesagt hatte): Während des Geburtsvorgangs wird die Sauerstoffsättigung des Körpers über einen Sensor an der Fingerkuppe gemessen. Und der funktioniert nicht zuverlässig, wenn er sich durch eine Schicht Lack arbeiten muss (oder in meinem Fall: Unterlack, zwei Schichten Farbe und Überlack).

Damit wir uns nicht falsch verstehen: Natürlich ist es eine wunderbare Idee, sich vor der Geburt noch einmal etwas zu gönnen – zum Friseur habe ich es danach tatsächlich eine ganze Weile nicht geschafft. Aber es sollte vielleicht nicht die Maniküre mit Lack sein (und ganz ehrlich: Das Letzte, was dich später auf den Erinnerungsfotos interessieren wird, ist die Farbe deiner Fingernägel). ✳

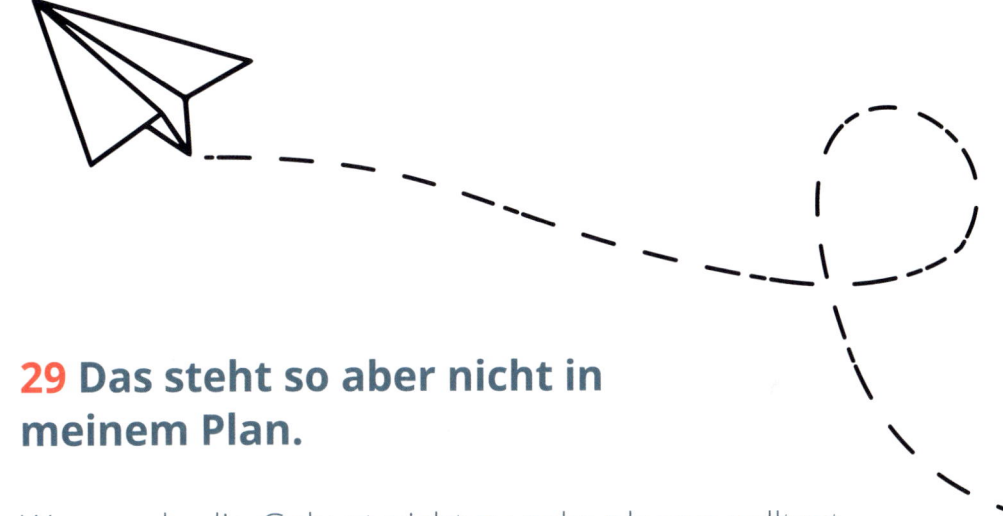

29 Das steht so aber nicht in meinem Plan.

Warum du die Geburt nicht zu sehr planen solltest

Hast du einen Geburtsplan erstellt? Gut. Hast du keinen erstellt? Auch gut! Wenn nicht sogar besser. Denn ganz im Ernst: Nach Plan verlaufen die wenigsten Geburten. Natürlich ist es sinnvoll, sich vorab Gedanken zu machen. Aber zu konkrete Vorstellungen bieten auch immer Raum für Enttäuschungen. Denn so vieles, was nicht in deinen Händen liegt, kann am Tag der Geburt anders laufen. Vielleicht warst du immer gegen eine PDA, wirst dich unter dem Geburtsschmerz aber doch dafür entscheiden? Vielleicht war ein Kaiserschnitt für dich stets ausgeschlossen, muss aber zur Sicherheit des Kindes und deiner selbst doch durchgeführt werden? Nichts davon bedeutet, dass die Geburt schlechter oder gar „nicht richtig" laufen wird, im Vergleich dazu, wie du es dir gewünscht hast. Lies dazu gern direkt den nächsten Punkt: Jede Geburt zählt. Natürlich. Auch dann, wenn sie sich nicht an deinen Plan gehalten hat. ✸

30 Jede Geburt zählt.

Warum Vorurteile in der Geburtsvorbereitung nichts verloren haben (und leider trotzdem da sind)

#jedegeburtzählt ist der Name einer Kampagne aus dem Jahr 2019, für die ich sehr gern Testimonial war. 923 Mütter wurden dafür zu ihren Erfahrungen rund um die Geburt ihres Kindes befragt. 98 % von ihnen gaben an, dass sie während der Schwangerschaft gefragt wurden, wo und wie ihr Kind auf die Welt kommen soll. So weit, so erwartbar: Der Mensch an sich ist ein neugieriges Wesen, und beim Thema „Nachwuchs" wollen ohnehin immer alle mitreden. Das Problem: Auf die Nachfrage folgt in der Regel eine Bewertung. Allem voran müssen Frauen, die sich einen Kaiserschnitt wünschen, ihre Entscheidung immer wieder verteidigen: 55 % der werdenden Mütter, die einen Kaiserschnitt geplant hatten, gaben bei der Umfrage an, dass Menschen aus ihrem Umfeld sie von diesen Plänen abbringen wollten. 49 % wurden für ihre Kaiserschnitt-Entscheidung schon einmal diskriminiert, 20 % auch noch von ihrem Arzt oder ihrer Hebamme. Mehr als die Hälfte der Frauen, die einen Kaiserschnitt geplant hatten, mussten sich für ihre Entscheidung sogar gegenüber ihrer Familie oder ihren Freunden rechtfertigen. Und die Vorurteile zeigen ihre Wirkung leider auch noch nach der Geburt: 40 % der Frauen, die einen Kaiserschnitt geplant hatten, haben sich schon einmal schlecht gefühlt, weil sie keine „richtige" Geburt hatten. Bei den Frauen mit ungeplantem Kaiserschnitt sind es sogar 75 %.

Gastautor

Prof. Dr. med. Kai J. Bühling ist Frauenarzt mit Privatpraxis in Hamburg-Blankenese, Professor am Universitätsklinikum in Hamburg-Eppendorf und Vater von drei Kindern.

Für mich als Frauenarzt sind das alarmierende Zahlen. Denn ganz egal, für welchen Ort, welche Art und welches noch so kleine Detail eine Frau sich in Bezug auf die Geburt ihres Kindes entscheidet: Es gibt kein „richtig" oder „falsch". Abgesehen davon kommt es unter der Geburt häufig zu medizinisch notwendigen Entscheidungen, die vorab gar nicht geplant werden können. Und dann? Macht das die Geburt „schlechter", weil sie sich nicht an die Agenda gehalten hat?

Ich sage: Eine Geburt kann, ja, darf nicht anhand ihres medizinischen Ablaufes bewertet werden. Und nur, weil die spontane Geburt umgangssprachlich als „natürlich" bezeichnet wird, heißt das noch lange nicht, dass es auch eine „unnatürliche" Geburt gibt. Ob im Kreißsaal oder im Geburtshaus, ob mit Schmerzmitteln oder ohne, ob per Kaiserschnitt oder spontan: „Ich habe es nicht geschafft" oder „Ich hatte keine richtige Geburt" sind Gedanken, mit der keine Mutter sich quälen sollte. Weil sie schlicht falsch sind.

Allen Frauen, die sich gerade auf die Niederkunft vorbereiten, möchte ich deshalb diese wichtige Botschaft mitgeben: Schuldgefühle und Scham für medizinische Entscheidungen – ob nun geplant oder ungeplant – haben rund um dieses so wichtige Ereignis nichts verloren. Eine Geburt, ganz egal, wo und wie, ist immer ein Wunder. Und wer, bitte schön, hätte das Recht, ein Wunder zu bewerten? ✸

10 DINGE ÜBER DIE GEBURT, DIE IN KEINEM ELTERNRATGEBER STEHEN.

31 Das ist ja gar nicht wie im Film!

Warum du alles vergessen kannst, was du über Geburten gesehen hast

Vor der Geburt meines ersten Kindes hatte ich Entbindungen nur in Filmen erlebt. Dabei lernte ich den wiederkehrenden Dreiklang einer jeden Leinwand-Geburt:

1. Die Fruchtblase platzt.

2. Die Frau muss schnellstens und unter lautem Panik-Geschrei ins Krankenhaus bugsiert werden.

3. Dort beginnen sofort die Presswehen – und schwupps, das Baby ist da! Glückwunsch!

Kein Wunder, dass die Filmindustrie stets die Turbo-Variante inszeniert: Die Durchschnittsgeburt passt zeitlich nicht einmal in einen Film mit maximaler Überlänge.

Tatsächlich kann eine Geburt ganz schön dauern. In deinem Elternratgeber steht vermutlich, dass es bei Erstgebärenden im Schnitt zehn Stunden sind. Wobei dir diese Info nichts bringt, weil sie eben genau das abbildet: einen Durchschnitt. Bei Bridget Jones und Co. ist nach kürzester Zeit alles vorbei. Bei dir vielleicht auch, vielleicht aber auch nicht. Dein Kind kann genauso gut nach einer Stunde auf der Welt sein wie nach 24. (Wobei es natürlich darauf ankommt, ab wann gerechnet wird – in diesem Punkt unterscheiden sich viele Anekdoten.)

Die Wahrscheinlichkeit, dass als Erstes deine Fruchtblase platzt, ist übrigens nicht ansatzweise so hoch, wie es die Filmindustrie suggeriert. Und selbst wenn es passiert, hast du in den allermeisten Fällen genug Zeit, ruhig (und ohne ein Verkehrschaos zu verursachen) ins Kranken- oder Geburtshaus zu kommen. Das ist vielleicht nicht filmreif – aber auf jeden Fall deutlich entspannter als bei den Leinwand-Mamis. ✳

32 Es geht los! Geht es los?

Warum es sich so sonderbar anfühlt, wenn es wirklich passiert

Monatelang hast du dein Kind in dir getragen. Die Schwangerschaft vielleicht schon Jahre zuvor geplant. Du hast Babysachen besorgt und Kindernamen gegoogelt, dieses Buch gekauft und einen echten Elternratgeber. Und jetzt soll es plötzlich so weit sein? In wenigen Stunden (oder vielen) ist dein Baby auf der Welt und in deinen Armen. Dann bist du keine „werdende" Mutter mehr, sondern eine „frischgebackene" (wie absolut bescheuert ist eigentlich dieses Wort?).

Nach einer so langen Zeit fühlt es sich fast unreal an, wenn es wirklich losgeht. Ich jedenfalls habe mehrere Momente (und Wehen) gebraucht, um zu realisieren, dass es nun tatsächlich Zeit wird ins Krankenhaus zu fahren. Und zu all der Vorfreude auf das, was dann kam, schlich sich dieses sonderbare Gefühl, dass nun ein ganz wichtiger Lebensabschnitt zu Ende geht: die Schwangerschaft. Wundere dich also nicht, wenn du inmitten des ganzen Geburtschaos auch noch so etwas wie Wehmut oder Abschiedsschmerz empfindest. Oder zwölf andere Gefühle, die du nicht zuordnen kannst. Du bist im Begriff, ein Kind zu bekommen – dafür gibt es einfach nicht die eine passende Emotion! ✳

33 Haben wir auch an alles gedacht?

Warum es gut ist, etwas zu vergessen

Irgendetwas habt ihr in der Aufregung auf jeden Fall vergessen. Darauf wette ich einen Monatsvorrat Windeln. Vielleicht fehlt deine Zahnbürste für die Nacht im Krankenhaus. Oder die Feuchttücher für den Wickeltisch zu Hause. Was es auch ist: Es ist gut, dass es fehlt. Denn ich garantiere dir: Es wird der Moment kommen, in dem du dankbar sein wirst, jemanden wegschicken zu können, damit er oder sie es besorgen kann. Es gibt immer Menschen, die es lieb meinen und dir vor Ort helfen wollen – aber leider viel zu früh nach der Geburt. Und die dir deshalb die größte Stütze sind, wenn sie gerade einfach woanders und weit weg sind.
Zum Beispiel im Supermarkt. Da gibt es nämlich Zahnbürsten. Und Feuchttücher. Und während die Patentante nach der passenden Borstenstärke oder der richtigen Wickelausstattung fahndet und gleich noch eine Zeitschrift für dich aussucht (die du eh nicht lesen wirst, weil du lieber dein schlafendes Baby beobachtest), kannst du in Ruhe die Zeit mit deinem Kind genießen. *

34 Das dauert hier noch. Wollen Sie Pizza bestellen?

Warum das Wundersame der Geburt die lustigsten Erinnerungen schaffen kann

Ich möchte noch einmal darauf zurückkommen, wie lang so eine Geburt dauern kann. Bei meinem ersten Kind hat sie sich so sehr gezogen, dass sich irgendwann die Basis-Grundbedürfnisse gemeldet haben: Ich hatte Hunger. Zu meinem großen Erstaunen war man darauf im Krankenhaus optimal vorbereitet und reichte mir eine umfassende Auswahl an Lieferdienst-Flyern.

Ja, ich habe während der Geburt Pizza gegessen. Und als nach einem herzhaften Biss in die Margherita die nächste Wehe kam, habe ich mich mit fettverschmierten Fingern in die Unterarme meines Mannes gekrallt und bin vom angestrengten Kauen mit halbvollem Mund ins schmerzerfüllte Schreien übergegangen. Ich sage nicht, dass ich dabei Essensreste verteilt habe wie ein Mozzarella- und Tomaten-Teilchen speiender Drache. Ich kann es aber auch nicht mit absoluter Sicherheit ausschließen (denn zu diesem Zeitpunkt war ich schmerzbedingt schon nicht mehr Herrin meiner Sinne, geschweige denn meines Erinnerungsvermögens). Aber eins ist sicher: Auch wenn im Nachhinein viele Details verschwommen sind und auf ewig Erinnerungslücken bleiben – meine Pizza di Natale zählt zu meinen schönsten (und lustigsten) Erinnerungen dieses besonderen Tages. ✹

35 Wie soll das da eigentlich durchpassen?

Warum ich Obstvergleiche hasse

Ich dachte immer, das Schmerzhafte bei einer Geburt sei der Augenblick, in dem der Babykopf durch die Vagina gepresst wird. Das liegt vermutlich an den ganzen Obstvergleichen, die mir im Laufe meiner Pubertät begegnet sind: „Als würde man eine Honigmelone durch eine zitronengroße Öffnung drücken", stand mal in der „Bravo" (oder einer anderen Fachzeitschrift, die ich mit 14 Jahren verschlungen habe). Diese fruchtige Veranschaulichung ist nicht etwa ein Mittel zum Zweck, um junge Mädchen vor ungewollten Schwangerschaften zu schützen. Auch in den Elternratgebern dieser Welt bekommt jede der 40 Schwangerschaftswochen ein anderes Obst oder Gemüse zugeteilt. Von „Dein Baby ist jetzt so groß wie eine Kirsche" (hurra!) über „Dein Baby ist jetzt so groß wie eine Avocado" (wow!) bis zu „Dein Baby ist jetzt so groß wie ein kleiner Kürbis" (bitte was???) ist alles dabei. Nur die Öffnung, die bleibt zitronengroß. Wie sollte man vor dem Hintergrund dieses physikalisch offensichtlich unmöglichen Vorgangs bitte keine Panik entwickeln? (Falls du das auch gerade tust: Blättere schnell zu Punkt 39. Eigentlich kannst du auch gleich nur den lesen.)

Tatsächlich war es bei mir so: Zu dem Zeitpunkt, als ich die Honigmelone endlich durch meine Zitronenöffnung drückte, kam es darauf nun wirklich nicht mehr an. Der stundenlange Wehenschmerz (zuvor und währenddessen und trotz PDA) war so extrem, dass ich in diesem Moment beim besten Willen keine Schmerzsteigerung mehr ausmachen konnte. Klingt fies, ich weiß. War es auch. Aber mal positiv gesehen: Es hat mir für die zweite Geburt erfolgreich den überhöhten Respekt vor diesem einen, anatomisch angsteinflößenden Moment genommen. Und vor Honigmelonen. ✳

36 Stuhlgang während der Geburt?

Warum du aufhören kannst, diese Dinge zu googeln

Gib's zu: Du hast es auch getan. Nachdem du in deinem Elternratgeber gelesen hast, dass Stuhlgang während der Geburt „vollkommen normal" ist, hast du angefangen zu googeln. Weil du es eben nicht vollkommen normal findest, vor den Augen anderer unkontrolliert zu defäkieren. Also hast du recherchiert: Wie groß ist die Wahrscheinlichkeit, dass das wirklich passiert? Wer bekommt das mit? Und was zum Geier kann man dagegen tun?

Ich habe folgenden todsicheren Tipp für dich: Du kannst jetzt und sofort aufhören, dir darüber Gedanken zu machen. Denn zum einen lautet die Antwort auf deine drängendste Frage eh: Ja, mit an Sicherheit grenzender Wahrscheinlichkeit wirst auch du während der Geburt nicht nur dein Baby rauspressen. Zum anderen aber kann ich dich beruhigen: Du bekommst davon genauso wenig mit wie dein Partner oder deine Partnerin. Weil deine Hebamme schon bei zig oder sogar Hunderten Geburten dabei war und ganz genau weiß, was sie da macht (und wie sie einige Dinge eben sehr diskret macht). Und die allerletzte Frage, die du dir unter den Geburtswehen stellen wirst, ist: Ob da wohl gerade ein kleines bisschen Kacke mit rauskommt?

Ich bin mir sicher: Auch deine Hebamme wird es schaffen, dich mit dem wunderbaren Gefühl zu verabschieden, dass du gerade nicht nur neues Leben in die Welt gesetzt hast – sondern dass du zu dem minimalen Anteil der Frauen gehörst, die das komplett stuhlgangfrei geschafft haben. ✹

37 Sie müssen hier schon mitarbeiten!

Warum nichts, was du während der Geburt tust, falsch ist

Vielleicht kommst du irgendwann während der Geburt an einen Punkt, an dem du dich unwohl fühlst. Nicht wegen der Dinge, um die es in Punkt 36 geht. Sondern wegen wirklich wichtiger Umstände. Bei der Geburt meines ersten Kindes zum Beispiel hörte ich irgendwann die Sätze: „Sie müssen hier schon mitarbeiten! Am Kind liegt es nicht, das will raus."

Ich hatte „mitgearbeitet". Und wie. Ich hatte gepresst, ich hatte geatmet. Ich hatte meine Zustimmung für den Kristeller-Handgriff gegeben (und mich währenddessen übergeben). Ich hatte alles getan, was man mir zwischen zwei Wehen zugerufen hatte. Doch es brachte nichts: Mein Sohn wollte einfach nicht rauskommen. In meinem Mutterpass steht, dass ich vier Stunden lang Presswehen hatte. „Normal" sind maximal 40 Minuten. (Aber was ist schon „normal"?) Irgendwann konnte ich nicht mehr. Ich war körperlich so erschöpft, dass nicht einmal mehr die wertvollen Pizza-Proteine halfen. Natürlich habe ich es mit letzter Kraft doch noch geschafft, meinen Sohn zur Welt zu bringen, so gesund und munter, wie ein Baby nur sein kann. Aber dieser eine Satz, dieser bohrende „Am Kind liegt es nicht!"-Zuruf, der nagt noch heute, sieben Jahre später, an mir. Weil er impliziert, dass es an mir lag. Und dass ich etwas falsch gemacht habe.

Warum ich das schreibe? Damit du weißt: Ganz egal, welche Bemerkung im Eifer des Gefechts auch fallen wird: Du machst nichts falsch. Ganz und gar nicht. Die Leute um dich herum machen ihren Job, und das tun sie täglich, und manchmal fallen dabei vielleicht schroffe Worte. Aber welche das auch sind: Das, was du gerade tust, während du dein Kind zur Welt bringst, ist zu 100 % richtig. ✳

38 Und, wie lange hat es gedauert?

Warum Zeit keine Rolle spielt

Eine Sache zwischendurch, bevor wir zum Wichtigsten kommen (deinem Baby!!!): Nach der Geburt wird dich jede Person fragen, wie lange „es" gedauert hat. Und vollkommen egal, wie deine Antwort lautet, die Reaktion wird ein erstauntes „Ooooh!", „Nicht dein Ernst!" oder „Wahnsinn!" sein. (Unabhängig davon, ob dein Kind nun besonders schnell auf der Welt war oder sich extrem viel Zeit gelassen hat.) Diese Fragerei nervt irgendwann genauso sehr wie das penetrante „Was wird es denn?" während der Schwangerschaft. Zumal die notwendigen Erklärungen, ab wann genau man bei einer Geburt beginnt, die Zeit zu messen, müßig sind. Aber was soll man machen? Mein Tipp: Denk dir eine schöne, runde Stundenzahl aus, ruf sie den Neugierigen zu, damit sie ihr „Ooooh!", „Nicht dein Ernst!" und „Wahnsinn!" loswerden können – und konzentrier dich wieder auf das Wesentliche (siehe nächster Punkt!). ✳

39 Darf ich vorstellen? Dein Baby!

Warum dir alles, was gerade passiert ist, plötzlich egal sein wird

Jetzt ist es da: das Beste einer jeden Geburt. Der großartige Grund, weshalb man sich den ganzen Mist antut. Das perfekte kleine Wesen, das alles in deinem Leben auf den Kopf stellen wird: Herzlichen Glückwunsch zu deinem wunderbaren Baby!

Das wahrhaft Magische daran: In der Sekunde, in der du dein Kind in den Armen hältst, ist alles andere vergessen. Der Geburtsschmerz, die Wehen, die schlaflosen Nächte mit dickem Babybauch, ja, sogar die Schwangerschaftsübelkeit – alles verschwindet mit einem *Puff* und verwandelt sich in einen dicken Berg aus Liebe. Aber es ist eine andere Liebe als die, die du bislang kanntest. Größer, unendlicher, intensiver, bedingungsloser. Dieses Gefühl ist es, das Eltern meinen, wenn sie sagen: „Das versteht man erst, wenn man Kinder hat." Vielleicht müsste man ein Wort dafür erfinden. Vielleicht aber auch nicht – denn „unbeschreiblich" trifft es schon ganz gut. ✻

Gastautor

Daniel Schröckert
ist Moderator („ZDF Film-
gorillas", „Kino+"), Podcaster
(„Genre Geschehen"), zweifacher Vater (Tom, Mina)
und verheiratet (mit der
Autorin dieses
Buches).

40 Once Upon a Time in Hollywood's Kreißsaal

Warum eine Geburt am Ende doch ganz großes Kino ist

Geburten im Film: Ich hab sie alle gesehen. In allen Farben, Formen, Re-
kordgeschwindigkeiten oder Spektakelstärken. Es ist Teil meines Jobs. Ich
war bei „Rosemaries Baby" und dem anderen Antichristen dabei, hab mit
den Wirtskörpern der „Aliens" gelitten und sah Frauen, die trotz größten
Schmerzes und Dramas noch coole Sprüche bringen oder für Titelseiten
posieren konnten. Mein Horizont reicht von großartigem Kitsch wie dem
Affen, der das Löwenbaby hochhält, bis zur frontalen Montage mehrerer
Geburten, die mindestens acht kleine Köpfchen beim Vulva-Austritt zeigt.

Nichts davon hat mir bei der Geburt meines ersten Kindes genützt.
Kein Horrorfilm konnte mich auf den Schmerzensschrei vorbereiten, mit
dem die Frau im Kreißsaal neben uns halb Hamburg beschallte. Kein
Drama die Wartezeit greifbar machen, die am Ende so lang war, dass mir
meine Frau zwei Stunden Schlaf erlaubte. Das Platzen der Fruchtblase
war ergo auch kein „Ups", sondern ein „Endlich". Und die Komödie, in der
sich eine Ärztin mit vollem Gewicht auf deine Frau schmeißt, um ein Kind
und den halben, vorher noch geexten Liter Cola Light ans Licht zu pres-
sen, die muss erst noch gedreht werden. (Oder auch lieber nicht.)

Doch so kitschig es klingt: Den ersten Anblick meines Sohnes kann
ich nur mithilfe eines Films beschreiben. In „Fluch der Karibik" fällt eine
Münze ins Meer, die eine Druckwelle durch alle Ozeane schickt. Das Gesicht meines Sohnes schickte solch eine Welle durch meine Realität. Eine
durchsichtige Ringexplosion, die alles einfärbte und neu anordnete. Ein
paar Stunden später stand ich mal kurz an der frischen Luft – und musste
weinen. Vor Freude. Das war schön. Und dann doch noch mal ein wenig
Hollywood. ✹

10 DINGE ÜBER DAS WOCHENBETT, DIE IN KEINEM ELTERNRATGEBER STEHEN.

41 Oh mein Gott, ich werde alles falsch machen!

Warum du auf deinen Mutterinstinkt vertrauen kannst

Ein Kind zu bekommen flutet den Körper nicht nur mit einer nie dagewesenen Intensität an Glücksgefühlen. Ab dem Moment, in dem du dein Baby das erste Mal außerhalb deines schützenden Bauches siehst, werden dich auch völlig neue Formen von Angst und Sorge überwältigen. Angst und Sorge um dieses perfekte, aber hilflose kleine Wesen, für das du nun die Verantwortung trägst. Vollumfänglich, pausenlos. In Kombination mit dem Schlafmangel (der sich zwangsläufig ergibt, weil man eben vollumfänglich und pausenlos für einen kleinen Menschen zuständig ist, der noch keine sieben Stunden am Stück ohne Mahlzeit durchschlafen kann) und der ohnehin andauernden Hormonparty in deinem Körper ergibt das alles ein unfassbar einschüchterndes Gefühlsgemisch – dessen emotionale Wirkung sich in den unerwartetsten Momenten bemerkbar machen kann.

Zum Beispiel, wenn ihr die erste Nacht in den eigenen vier Wänden verbringt. In Filmen und Werbespots wird dieser Moment, in dem die strahlende Mutter mit ihrem Baby im Arm das erste Mal das gemeinsame Zuhause betritt, in lachenden Pastellfarben als bedeutungsvoller, rundum perfekter Augenblick inszeniert. In der Realität kann es gut sein, dass dich die Tatsache, dass es hier kein Fachpersonal gibt, das man jederzeit per Knopfdruck rufen könnte, plötzlich in einen unerklärbaren Angstzustand versetzt. Was ist, wenn du nicht die richtigen Entscheidungen triffst? Dem Baby zu viel Milch gibst oder zu wenig? Wenn du es zu selten wickelst oder zu häufig? Geht das überhaupt? Braucht es ein Mütz-

72

chen, wenn das Fenster offen ist? Und ist ihm in dem Schlafsack nicht viel zu warm? Aber die Ärmchen gucken raus, es friert bestimmt! HILFE! Werde ich das alles überhaupt hinbekommen??!

Die Antwort ist einfach: JA! Natürlich bekommst du das hin. Denn ganz egal, wie erfahren deine Hebamme, die Ärztin, deine Doula oder die Pflegerinnen im Krankenhaus sind – du hast etwas, was sie alle nicht haben: den Mutterinstinkt deinem eigenen Kind gegenüber. Der lässt dich in wirklich wichtigen Momenten spüren, was es gerade braucht. Und es ist erstaunlich, wie sehr man diesem Gefühl vertrauen kann. (Und falls du dennoch Zweifel hast: Keine Sorge. Morgen schon kommt die Hebamme zur Nachsorge.) ✹

73

42 War das das Baby? Das war das Baby!

Warum du nicht mehr länger als zwei Minuten duschen wirst

Auf einer proseccoreichen Abendveranstaltung heulte sich einmal eine junge Mutter bei mir darüber aus (und ich weiß bis heute nicht, wie wir damals auf das Thema kamen, vermutlich war sie unzufrieden mit ihrer Frisur), dass sie mit ihrem ein paar Monate alten Baby nicht in Ruhe Haare waschen konnte. Ständig dachte sie, das Kind würde weinen, sprang aus der Dusche und lief nass und nackt durch die Wohnung – nur, um festzustellen, dass ihr in neun von zehn Fällen die Fantasie einen Streich gespielt hatte. „Phantomschreien" nannte sie das Phänomen.

Ich hatte zu diesem Zeitpunkt noch keine Kinder, fand die Geschichte übertrieben und die Phantomschreierei lächerlich. Wie lernresistent kann man bitte sein, wenn man bereits eruiert hat, dass es sich in 90 % der Fälle um falschen Alarm handelt? Und selbst wenn das Baby wirklich ausgerechnet in den zehn Minuten losbrüllen sollte, in denen man kurz duschen geht: Es wird schon nicht kaputt gehen. Wird man wirklich so gaga, nur weil man ein Kind in die Welt setzt? Wasch deine Haare und stell dich nicht so an, fremde Frau! Als ich die ersten Tage mit unserem Sohn zu Hause war und mein fettiger Haaransatz bereits bis zu den Spitzen reichte, fiel mir dieses Gespräch wieder ein. Und ich spürte das Bedürfnis, mich bei

der fremden Mutter zu entschuldigen. Nicht, dass ich etwas Falsches zu ihr gesagt hätte. (Den Stell-dich-nicht-so-an-Teil hatte ich zum Glück nicht laut ausgesprochen.) Aber allein meine abwertenden Gedanken taten mir plötzlich, mit jeder Menge neuer Emotionen im Körper, leid. Noch heute, mit über sieben Jahren Mama-Erfahrung, gehe ich ab und zu nachts in eines der Kinderzimmer, weil ich mir einbilde, ein Geräusch gehört zu haben. Oder weil ich zu lange gar nichts gehört habe. In den allerersten Wochen aber war sie permanent präsent, diese leise Stimme im Kopf, die fragte: „War das das Baby? Hat das Baby gerade dieses Geräusch gemacht? Kannst du wirklich mit absoluter Sicherheit ausschließen, dass es das Baby war?

GEH LIEBER NOCH MAL HIN UND SIEH NACH, DU RABENMUTTER!"

Um meine eigene Frage zu beantworten: Ja, man wird gaga, wenn man ein Kind in die Welt setzt. Und das ist okay. Denn dieses eine von zehn (oder 20) Malen, wenn wirklich das Baby geschrien hat, und wenn du den kleinen, bebenden Körper an dich drückst und allein mit deiner Nähe, deiner Wärme und deiner Stimme langsam, aber sicher beruhigen kannst, bis er sich gleichmäßig atmend in deinem Arm entspannt und dir das wunderbare Gefühl gibt, gerade das einzig Richtige getan zu haben – ja, dieser Augenblick macht jeden einzelnen Fehlalarm wieder wett. Selbst wenn du gerade nackt und nass und mit Shampoo im Haar den Kinderzimmerteppich volltropfst. ✳

43 Hilfe, ich blute!

Warum viel mehr Promis Fotos von ihrer Wegwerfunterwäsche posten sollten

Als Wöchnerin trägst du keine Einlagen. Du trägst Vorlagen. Und ich gebe zu: Ich weiß bis heute nicht, weshalb die so heißen. Vermutlich sind sie einfach zu dick und unförmig, um noch als etwas zu gelten, was man irgendwo *einlegen* kann. Nein, diese Monstren aus blutsaugfähigem Windelmaterial brauchen ihren eigenen, nicht selbsterklärenden Namen. Und du kombinierst sie auch nicht einfach mit normaler Unterwäsche: Die daumendicken Wattematten werden in ein unförmiges Wegwerfhöschen aus Netzmaterial gestopft, das du dir über den gesamten Unterleib ziehst. Wie so ein Obstnetz für Mandarinen, in dem mindestens eine Mandarine immer zermatscht, egal, wie gut man aufpasst, und alle anderen vollschmiert. Und weil ein Netz aus aneinandergereihten Löchern besteht, ist es nur eine Frage der Zeit, bis die Mandarinenmatsche ausläuft und es eine Riesenschweinerei gibt ...

Das ist nicht schön. Schon gar nicht, wenn es sich bei dem Obstnetz eben um die besagte Netzunterhose im Wochenbett handelt ... Aber es ist eben auch ganz normal. Auch wenn man so selten etwas davon sieht. Denn zwar gibt es genug Promi- und Supermodel-Mütter, die sich kurz nach der Geburt in den Sozialen Medien inszenieren – gern auch halbnackt. Doch bis auf wenige Ausnahmen (ein Hoch an dieser Stelle auf Schauspielerin Amy Schumer und ihre herrlichen Insta-Posts aus dem Wochenbett!) tun sie das selbst postnatal in schicken Dessous und nicht in der unschmeichelhaften Mesh-Unterwäsche. Das ist nicht nur wahnsinnig schade, weil wieder mal viel zu viel Druck auf Mütter und ihre Erwartungen an ihr eigenes Erscheinungsbild ausgeübt wird. Es ist auch absolut unlogisch. Klar, die Wegwerfhöschen sehen maximal blöd aus. Aber es geht im Wochenbett ja auch nicht darum, sexy zu sein, sondern klarzukommen. Ich jedenfalls will keinen Wochenfluss aus sauteuren Spitzenhöschen waschen müssen. Da schmeiße ich lieber meinen vollgesifften Netzschlüpfer in den Müll – und streife mir lachend einen neuen über. Na, wer sieht jetzt doof aus, Supermodel-Moms? ✹

44 Natürlich freue ich mich über Besuch!

Warum du dir diese Lüge ganz schnell abgewöhnen solltest

Ein neugeborenes Baby zu besuchen gehört zum guten Ton. Das ist auf der einen Seite eine wunderschöne Tradition. Auf der anderen Seite kann es schnell sehr, sehr anstrengend werden. Denn es gibt wohl kaum einen schlechteren Zeitpunkt für zahlreiche Besuche als die Zeit, kurz nachdem man ein Kind zur Welt gebracht hat. Dein Unterleib (siehe Punkt 43), dein Bauch, deine Brüste, deine Hormone: Alles in und an deinem Körper spielt verrückt. Du bist vermutlich übermüdet, vielleicht überfordert, auf jeden Fall aufgeregt. Auf keinen Fall bist du jetzt die perfekte Gastgeberin für Freunde, Freundinnen, Verwandte, Kollegen und Kolleginnen.

Für Besuche während dieser sehr persönlichen und emotionalen Zeit lohnt es sich, klare Regeln festzulegen (ich habe mich das erst beim zweiten Kind getraut):

1.) Kommen darf nur, wer dir wirklich guttut.

2.) Er oder sie muss pünktlich sein (siehe Punkt 45).

3.) Er oder sie darf gern etwas zu Essen mitbringen. Auf keinen Fall wirst du ihn oder sie bewirten.

4.) Es wird nicht extra aufgeräumt.

5.) Das Ende des Besuches wird vorab festgelegt.

Klingt spießig? Ist es auch. Macht aber nichts: Denn alles andere, das Putzen, Aufräumen, Backen, Tischdecken, kurzum, das Gastgeben, das sonst selbstverständlich für dich ist, hat einfach keinen Raum in diesen Wochen (die übrigens aus gutem Grund als „Wochenbett" bezeichnet

werden, weil du sie eigentlich genau da verbringen solltest). Außerdem sind für die allermeisten Personen, auf die Punkt 1 zutrifft, die Punkte 2 bis 5 sowieso selbstverständlich. Das Wichtigste ist also die Selektion der Menschen, die dich zu Hause direkt nach der Geburt besuchen dürfen. Lass dich von aufdringlichen „Wann können wir denn endlich das Baby sehen?"- Nachfragen nicht aus der Ruhe bringen. Das Baby läuft lange noch nicht weg – und kann auch jederzeit später Besuch empfangen. ✻

45 Wir kommen später, macht doch nichts, oder?

Warum das sehr wohl etwas macht (und du das auch genau so sagen darfst)

Das mit der Pünktlichkeit bei Wochenbettbesuchen finde ich so wichtig, dass es hier einen eigenen Punkt verdient. Denn ab dem Moment, in dem dein Baby auf der Welt ist, bist du fremdbestimmt. Wann du schläfst, wann du stillst oder dein Baby fütterst, wann du morgens aufstehst, wann du Zeit zum Essen findest, ja sogar, wann du auf die Toilette gehen kannst – all das richtet sich künftig nach den Bedürfnissen deines Kindes. Du kannst kaum etwas planen, und wenn du es doch tust, kommt eh alles anders. Weil dein Baby eben nicht dann einschläft, wenn es einschlafen soll. Sondern weil es genau dann wegschlummert, wenn es doch essen sollte. Dafür dann aber Hunger bekommt, wenn du eigentlich gerade keine Zeit zum Füttern hast.

Das ist eine enorme Umstellung, aber es ist okay, weil niemand von einem Baby erwartet, dass es sich an Termine oder einen Tagesplan hält. Umso wichtiger ist es, dass die erwachsenen Menschen das tun. Damit du einen kleinen Funken Planbarkeit in deinem Leben behalten kannst. Und damit deine Bemühungen, das Stillen, Wickeln und Schlafen optimal auf den Babybesuch abzustimmen, am Ende nicht daran scheitern, dass dieser sich spontan um 30 Minuten verspätet. Denn seien wir mal ehrlich: Einem Baby verzeiht jeder ein schlechtes Timing. Aber Tante Hilde kann sich gefälligst einfach mal pünktlich auf den Weg machen! ✱

46 Du kannst ruhig hier stillen, das stört mich nicht.

Warum es absolut okay ist, wenn es dich aber stört

Manche Mütter können mitten in der Unterhaltung eine Brust aus der Bluse ziehen, nonchalant ihr Baby anlegen und, während sie es stillen, lächelnd Augenkontakt mit Gesprächspartnern (egal welchen Geschlechts) halten. Ich konnte das nie. Nicht einmal bei engsten Freundinnen oder Verwandten. Nicht nur, weil mein blanker Busen mit im Raum war und ich das irgendwie sonderbar fand. Sondern weil es oft wehtat, meistens irgendwohin Milch tropfte, das Baby wild den Kopf hin- und herdrehte, wenn es nicht absolut still um uns herum war – kurzum: ich mich auf all das, was da rund um meine Brustwarzen passierte, richtig konzentrieren musste.

Außerdem musste ich mich die ersten Wochen beim Stillen hinlegen, weil ich keine andere Position lange halten konnte. Darum habe ich mich zum Stillen immer zurückgezogen. Auch und gerade, wenn Sprüche fielen, die mir Mut machen wollten, es an Ort und Stelle zu probieren. Denn die erhöhten den Druck nur. „Wir gucken dir schon nichts weg", war einer von denen, die besonders wehtaten. Weil er implizierte, dass *ich* das Problem war: zu prüde, zu verkopft, zu verkrampft zum Stillen. Nicht nur in der Öffentlichkeit, sondern sogar vor den engsten Vertrauten. Wie peinlich.

Mittlerweile weiß ich natürlich, dass nichts daran peinlich ist, sich in diesem intimen Moment zurückziehen zu wollen. Und dass es absolut richtig war – für mich und für mein Baby –, dass ich uns immer die Umgebung gesucht habe, in der ich mich zum Stillen am wohlsten fühlte.

Und dass es mir gleichgültig hätte sein sollen, was andere dazu sagen.

Ich wünsche dir ein großes Stück von dieser Gleichgültigkeit. Sofern du es überhaupt brauchst. Vielleicht gehörst du auch zu den Müttern, die so selbstverständlich freundlich-lächelnd stillen können wie zu Beginn dieses Textes beschrieben. Dann wünsche ich mir ein großes Stück von deiner Coolness. ✳

47 Und, klappt's mit dem Stillen?

Warum du auf diese Frage nicht (ehrlich) antworten musst

Auf die Was-wird-es-denn-und-wie-soll-es-heißen-Fragen während der Schwangerschaft folgt in den Wochen nach der Geburt nicht nur das obligatorische Was-ist-es-denn-und-wie-heißt-es-denn. Nein, das Fragenrepertoire wird nun gern ergänzt durch ein gelächeltes „Und, wie läuft es mit dem Stillen?". Dabei ist es erstaunlich, wie lapidar diese Frage oft daherkommt – obwohl sie sich nach etwas so Persönlichem, Intimen erkundigt. Das eigentliche Phänomen folgt aber, ähnlich wie bei der inflationären „Wie geht's?"-Floskel, noch: Was anderes als „gut" will eh keiner hören. Und mal im Ernst: Mit den allermeisten Fragenden möchte man die eigene Brustwarzenentzündung oder die Entscheidung, gar nicht zu stillen und lieber direkt zum Fläschchen zu greifen, ja auch gar nicht diskutieren. Wenn dir ein „Das geht dich gar nichts an!" zu konfliktbeladen ist, reicht ein Höflichkeits-„Gut" als Antwort daher komplett aus. Vollkommen egal, wie nah dran oder weit weg es von der Wahrheit ist. ✳

48 Schlaf, Mama, schlaf. Auch tagsüber.

Warum es okay ist, im Wochenbett das Zeitgefühl zu verlieren

Dein Baby hat noch keinen Tag-Nacht-Rhythmus. Es schläft, wann immer ihm danach ist. Und es will essen, sobald es Hunger verspürt. Vor allem für Letzteres braucht es dich. Was bedeutet, dass du dich von deinem eigenen (bis hierhin vermutlich recht geordneten) Tagesrhythmus verabschieden kannst. Denn unabhängig davon, ob du stillst oder das Fläschchen gibst: Milchmahlzeiten werden von deinem Baby um halb fünf morgens genauso selbstverständlich eingefordert wie um zwölf Uhr mittags, vier Uhr nachmittags oder ein Uhr nachts.

Deine einzige Rettung für eine einigermaßen ausgeglichene Sleep-Care-Balance? Pass dich dem Baby an! So befremdlich einem als Erwachsener das willkürliche Einschlafen am helllichten Tag auch vorkommen mag: Mach einfach mit! Leg dich neben dein Baby und schlaf, egal, wie spät es ist. Denn dann, wann du es immer getan hat (in der Regel nachts), geht es nun manchmal einfach nicht mehr. Zumindest nicht durchgängig.

Ich weiß, es fühlt sich komisch an, einfach die Augen zu schließen und wegzuschlummern, wenn doch noch „so viel zu tun" ist. Aber glaub mir: Dieser chaotische Zustand, in dem alles andere egal ist, wird eh nicht lange anhalten. (In diesem Buch reicht er gerade mal bis Punkt 52.) Also vergiss im Wochenbett einfach mal die Carpe-diem-Sprüche: Nutze nicht den Tag, nutze den Babyschlaf! Um selbst mal wieder ein paar Stunden auszuruhen. Oder zumindest ein paar Minuten. Und keine Sorge: Du verschläfst nichts Wesentliches, denn dein Baby weckt dich lautstark, sobald Zeit für die nächste Fütterung ist. ✳

49 Ich platze gleich vor Liebe!

Warum dir schon jetzt die Worte fehlen

Ehrlicherweise ist es bei aller Müdigkeit gar nicht so leicht, direkt neben dem eigenen Baby einzuschlafen. Denn du wirst viel Zeit damit verbringen, es einfach nur fasziniert zu beobachten, während es schlummernd vor dir liegt. Du siehst diesen kleinen, perfekten Menschen minuten- oder stundenlang an und tust nichts anderes, als ihn aktiv zu lieben. Dafür gibt es kein eigenes Verb, aber wenn, dann würde es sich von Mutterliebe ableiten: Du mutterliebst dein Kind. Das kostet Zeit. Und ist das beste neue Hobby, das du dir in deinen schönsten Vorstellungen nicht hättest ausmalen können. ✹

Gastautor

Marco Krahl
ist stellvertretender
Chefredakteur der „Men's
Health", Redaktionsleiter der
„Men's Health Dad", Host des
Podcasts „Echte Papas"
und selbst zwei-
facher Vater.

50 Holt die Väter ins Wochenbett!

Warum die Zeit nach der Geburt Familiensache ist

Als mein Sohn auf die Welt kam, musste meine Frau mit ihm noch ein paar Tage im Krankenhaus bleiben. Ich bin weiter ins Büro gegangen, weil ich mich entschieden hatte, meine „kostbaren" Urlaubstage für die Zeit aufzuheben, wenn wir alle drei gemeinsam zu Hause sind. Dann geht's erst richtig los, dachte ich damals. Schön blöd, denke ich heute.

Denn: Die ersten Tage nach der Geburt sind verdammt wichtig für die Bindung. Besonders der Vater profitiert davon, wenn er schon in dieser Zeit möglichst oft bei seinem Baby ist. Denn während die Mutter sich neun Monate lang einen Körper mit dem Kind geteilt hat (enger kann eine Bindung wirklich nicht sein), war der Vater Zaungast, zum Beobachter verdammt, außen vor – im wahrsten Sinne.

Hinsichtlich der Bindung zum Kind hat die Mutter also aus rein biologischen Gegebenheiten schon einen enormen Vorsprung gegenüber dem Vater. Es sei denn, er ist ein Seepferdchen (bei dieser Spezies tragen die Männchen die Jungen in einer Bauchtasche aus), aber ich gehe nicht davon aus, dass ein Seepferdchen-Papa diesen Text lesen wird.

Zurück zum Land: Natürlich besuchte ich damals meine Frau und unseren Sohn jeden Tag auf der Geburtsstation, aber erst richtig zur Familie stieß ich, als ich die zwei nach Hause holte. Da hatte meine Frau schon viele Male die vollen Windeln gewechselt, hatte unser Sohn stundenlang auf ihrer Brust gelegen oder war von ihr herumgetragen worden. Der natürliche Vorsprung war noch größer geworden.

Zum Glück bin ich Sportler, legte später in meiner sechsmonatigen Elternzeit einen Sprint ein, holte auf und bin mit meiner Frau inzwischen auf gleicher Höhe – aber sie hätte mich auch abhängen können. ❋

10 DINGE ÜBER DIE ELTERNZEIT, DIE IN KEINEM ELTERNRATGEBER STEHEN.

51 Und was machst du jetzt den ganzen Tag?

Warum die Elternzeit ein Fulltime-Job ist

Es gibt diese eine Kommunikationsweisheit zum Thema „Sender" und „Empfänger", die wir sicher alle schon mal gehört haben und die sinnge-mäß meint: Nur weil A etwas sagt, heißt das noch lange nicht, das B auch das hört, was A meint.

In dieser Geschichte heißt A Guido. Guido ist der älteste Freund meines Mannes, der uns drei Monate nach der Geburt unseres Sohnes in Hamburg besuchte. Ich bin B. Und als Guido-A mich-B vollkommen unschuldig und einfach nur interessiert fragte, was ich denn jetzt den lie-ben langen Tag so machte, hörte ich Folgendes: Findest du nicht, dass du mehr machen könntest? Ein bisschen Sport, um wieder in Form zu kom-men? Oder zumindest den Haushalt? Wie sieht es hier überhaupt aus? Du hast doch jetzt den ganzen Tag Zeit, gib dir mal ein bisschen Mühe!

Nichts von alledem hat Guido gesagt oder nur gedacht. Aber ich. Also rechnete ich ihm vor, wie viele Stunden am Tag ich allein fürs Stillen aufbrachte, wie oft ich Windeln wechselte oder direkt die gesamte voll-gemachte Kleidung, wann ich spazieren ging, damit das Baby (und ich) frische Luft bekommen und dass ich ja auch noch einkaufen ginge und es alles sowieso gerade eher zu viel als zu wenig sei, und – tada! – da waren sie wieder, die unkontrollierbaren Tränen (falls du dachtest, dass die Heulanfälle mit Ende der Schwangerschaft vorbei sind, muss ich dich leider enttäuschen. Die bleiben noch eine ganze Weile).

Sich um ein Baby oder Kleinkind zu kümmern, ist ein Fulltime-Job. Und zwar einer ohne Pausen oder Feierabend. Deshalb ist es besonders

fies, dass es immer wieder Tage geben wird, an denen es sich abends so anfühlt, als hättest du nichts geschafft. Die Wäsche liegt noch zerknüllt im Trockner, die wichtige Überweisung ist schon wieder liegen geblieben, zur Post hast du es nicht geschafft und beim Zahnarzt kannst du jetzt auch nicht mehr anrufen, die Praxis hat schon zu, verdammt!

Doch völlig egal, wie lang die Liste mit unerledigten To-dos auch ist: Deine Have-done-Liste ist wesentlicher. Denn auf der steht an jedem einzelnen Tag ganz automatisch die Rund-um-die-Uhr-Versorgung deines Kindes. Und was könnte wichtiger sein? Andere Eltern, die schon mit ein bisschen Abstand auf diese Zeit blicken können, wissen das. Guido wusste es auch. Der Anspruch, dass man doch eigentlich viel mehr schaffen müsste, ist meistens nur der eigene. (Und natürlich der von kinderlosen Ratschlag-Gebern, die sowieso alles anders und besser machen würden, siehe Tipp 52). Sollte dich also irgendwann ein A fragen, was du eigentlich den ganzen Tag machst, sei ein entspanntes B und antworte einfach: „Ich kümmere mich um mein Kind." Wenn du überhaupt noch irgendetwas anderes nebenher schaffst, ist das großartig genug. ✹

52 Schlaf doch einfach, wenn das Kind schläft.

Warum das ein wirklich blöder Ratschlag ist

„Das Baby schläft so viel, leg dich doch einfach dazu!" Klingt für Außenstehende sicher logisch, wenn man über chronische Übermüdung klagt. Leider aber kehrt nach dem anfänglichen Ausnahmezustand, in dem alles andere egal ist, schnell der Alltag ein. Und dann geht dieser Plan nur auf, wenn man auch dann Essen kocht, wenn das Baby Essen kocht, duschen geht, wenn das Baby duschen geht, und aufräumt, wenn das Baby aufräumt. Also gar nicht. Das ist schade. Aber leider nicht zu ändern. Die gute Nachricht ist: Es wird besser. Irgendwann. ✳

53 Nicht auf die dritte Diele links!

Warum du dein eigenes Zuhause ganz neu entdecken wirst

Damit das mit dem Kochen, Duschen, Aufräumen auch klappt, während das Baby schläft, darf man vor allem eines nicht tun: es wecken. Und es ist erstaunlich, durch was ein Kind sich alles wecken lässt. (Erst recht, wenn man bedenkt, bei welcher Geräuschkulisse es am besten einschlafen kann, siehe Punkt 54.) Mama verlässt den Raum? Zack, wach! Mama lässt die kleine Babyhand los? Wach! Mama denkt nur daran, ihre Position zu verändern und blickt sehnsüchtig Richtung Tür? Wach! Wach! WACH!

Irgendwann schaffst du es natürlich trotz alledem, dein Baby aus deinem Arm auf eine sichere Liegefläche abzulegen und dich vorsichtig von ihm zu entfernen. Und es wird nur wenige Wochen (und jede Menge unterbrochene Nickerchen) brauchen, bis du zum Ninja in deinen eigenen vier Wänden wirst: ein Zehenspitzensprung über die knarrende Diele. Zwei schleichende Schritte zur Tür, dabei auf genau die beiden Stellen am Boden treten, die keinerlei Geräusche von sich geben. Sanft die Klinke herunterdrücken, mit leichtem Gegendruck, damit sie nicht quietscht. Schattenartig durch den schmalen Spalt schlüpfen. Und mit genau der richtigen Kombination aus Ziehen und leichtem Anheben lautlos und in Zeitlupe die Tür hinter dir schließen. Geschafft! Das Baby schläft, und du hast Zeit für dich. Zumindest die nächsten 78 Sekunden. Denn dann klingelt der Paketbote. WACH. ✸

54 Schlafenszeit, mach die Abzugshaube an!

Warum du Alltagsgeräusche mit völlig neuen Ohren hören wirst

Babys schlafen besser ein, wenn sie ein Rauschen hören. Ich meine, das liegt daran, dass sie auch im Mutterleib immer das körpereigene Rauschen um sich hatten. Und weil sie sich weniger alleingelassen fühlen, wenn sie um sich herum Geräusche wahrnehmen, und dadurch unbesorgter wegschlummern können. Ganz egal, woran es liegt (die richtige Begründung steht sicher in deinem Elternratgeber): Es funktioniert!

Bei unserem Sohn war es die Dusche: Wenn ich sein Bettchen ins Badezimmer schob, um ihn beim Haarewaschen im Blick zu behalten (was ich mir wegen Punkt 42 angewöhnt hatte), schlief er jedes Mal beim Geräusch des Wasserrauschens ein. Unsere Tochter hingegen liebte die Dunstabzugshaube: Mit dem Kopf auf meiner Brust und dem Umluftdröhnen im Ohr schlief sie am zuverlässigsten ein. Also wippte ich, mit der täglich schwerer werdenden Tochter in der Trage, allabendlich stupide vor dem Herd auf und ab und wartete auf das erlösende Herabfallen ihrer Augenlider. (Und damit wir uns nicht missverstehen: Kochen, die Spülmaschine ausräumen oder in irgendeiner anderen sinnvollen Art die Zeit nutzen konnte ich währenddessen nicht, denn selbstverständlich gehörten solche Geräusche nicht zu denen, die Madame beim Einschlafen bevorzugte.)

Natürlich lassen wir nicht stundenlang die Dusche laufen. Also organisierte ich mir verschiedene Apps, die die liebsten Alltagsgeräusche unseres Nachwuchses täuschend echt imitieren. Anders als Dusche und Dunstabzug waren die auch mobil einsatzbereit. Und für meinen

Mann und mich irgendwann so normal, dass wir sie gar nicht mehr wahrnahmen. Ein Dauerrauschen im Ohr, das, anders als ein Tinnitus, aber keinen Stress ankündigte – sondern den ruhigen, kinderfreien Teil des Tages einläutete. Und um ehrlich zu sein: Manchmal, wenn ich nicht schlafen kann, stelle ich die App noch heute an. Nur für mich, um runterzukommen. Und es funktioniert. ✸

55 Schwimm, Baby, schwimm!

Warum sich Planschen im Pipi-Wasser großartig anfühlt

Das Babyschwimmen gehört zu den beliebtesten Kursen während der Elternzeit. Eigentlich ein Wunder, wenn man sich die Umstände einmal genauer vor Augen führt: Ein halbes Dutzend nicht stuben- beziehungsweise poolreiner Minimenschen trifft sich im pipiwarmen Chlorwasser. Die Schwimmwindeln halten das große Geschäft (meistens) im Zaum. Doch wie viel Baby-Urin durchs Becken wabert, weiß niemand der begleitenden Eltern so genau.

Lange hält sich aber eh keiner von ihnen hier auf: Fünf Minuten pro Lebensmonat lautet die Goldene Regel der Babyschwimmprofis. (An die man sich übrigens dringend halten sollte, denn das Planschen erschöpft die Kleinen so sehr, dass der restliche Tagesabschnitt schnell in einer katastrophalen Schreiorgie enden kann, wenn man es übertreibt.) Das heißt: Nach 15 und 20 Minuten leert sich das Becken merklich, wenn alle drei und vier Monate alten Teilnehmer und Teilnehmerinnen den Kurs vorzeitig beenden. Gezahlt wird natürlich dennoch für die vollen 45 Minuten, ist klar.

Und dann ist da noch der nicht unwesentliche Faktor, dass das Ganze für die Erwachsenen in Schwimmbekleidung stattfindet. Versteht mich nicht falsch, ich mag meinen Körper, und mir ist bewusst, dass es völlig normal und okay ist, dass er nach einer Schwangerschaft nicht mehr so aussieht wie davor! Aber es hätte mir halt auch gereicht, wenn die postnatale Bikinioptik erst einmal privat geblieben wäre.

Doch genug der Nörgelei, denn in Wahrheit geht es mir um Folgendes: Das alles ist es absolut wert! Wenn dein Baby mit seinen kleinen Händchen ins Wasser patscht und sich auf einmal in einem Element befindet, in dem es sich intuitiv mit seinem ganzen Körper bewegt und du die Freude und das Erstaunen darüber in seinem Gesicht sehen kannst, dann wird dir alles andere egal sein. Und so unwahrscheinlich es mir selbst am Anfang schien: Die überteuerten Minuten im uringetränkten Babybecken haben das Potenzial, zum absoluten Wochen-Highlight zu werden. *

56 Diese Übung war gut für dein drittes Chakra.

Warum du einen Rückbildungskurs suchen solltest, der wirklich zu dir passt

Eine Schwangerschaft ist laut Ärztinnen und Ärzten nicht der richtige Zeitraum, um neue Sportarten auszuprobieren. Vermutlich kommen auch die wenigsten Frauen darauf, sich mit Baby im Bauch zum ersten Mal in ihrem Leben auf Skier zu stellen, endlich das Joggen anzufangen oder eine Premiere auf der Pilates-Matte zu feiern.

Wenn es zum Rückbildungssport kommt, ist das anders. Also nicht der Teil mit den Skiern. Aber rund um das berühmt-berüchtigte Becken-bodentraining haben sich mittlerweile die aufregendsten Kursangebote gebildet: Rückbildungs-Yoga, Rückbildungs-Pilates, sogar ein Angebot für Rückbildungs-Ballett habe ich auf einer Eltern-Website entdeckt. Das klingt – gerade im Vergleich zur schnöden Rückbildungs-Gymnastik – wahnsinnig sportiv und gleichzeitig so cool und instagramable. Nicht, dass ich vorgehabt hätte, mein Beckenbodentraining online zu inszenie-ren. Aber nach den letzten Wochen voller extremer körperlicher Verän-derungen, Wochenfluss und Netzschlüpfern war allein die Vorstellung wunderbar, Teilnehmerin eines lässigen Sportkurses zu sein, in dem es um Eleganz und Körperbeherrschung und nicht nur um Inkontinenzver-meidung und Schließmuskelübungen geht. Also kaufte ich mir frohen Mutes direkt eine Zehnerkarte fürs Rückbildungs-Yoga – ohne je in mei-nem Leben eine Stunde Yoga gemacht zu haben. Und siehe da: Das war eine Scheißidee.

Nicht nur, dass Kurse mit Kind ohnehin davon geprägt sind, dass man sich mehr um sein Baby und weniger um die eigene Teilnahme kümmern kann. Für mich als Nicht-Yogi ergab zudem der Teil, an dem ich teilnehmen konnte, weil ich gerade weder stillen noch wickeln oder mein Baby beruhigen musste, überhaupt keinen Sinn. Ich machte Übungen für Chakren, ohne zu wissen, was ein Chakra ist. Ich atmete achtsam in geführten Übungen, obwohl ich achtsames Atmen bis heute nicht verstehe. Und ich meditierte (nicht), obwohl ich keine Ahnung vom Meditieren hatte. Und ja, ich gebe es heute ohne rot zu werden zu: In acht der zehn Stunden bin ich zwischendurch eingenickt.

Dass dieser Kurs so gar nicht meine Erwartungen erfüllte, war natürlich nicht Fehler der Kursleiterin oder des Angebotes oder der anderen Teilnehmerinnen. Es war allein meine Schuld. Denn genauso wenig, wie es Sinn ergibt, sich in der Schwangerschaft sportlich gänzlich neu zu erfinden, tut es das nach der Schwangerschaft. Im Rückbildungskurs steht mit dem Beckenboden ohnehin schon eine zuvor meist völlig unbeachtete Körperregion im Fokus der Aktivitäten. Sich auf die zu konzentrieren, ist genug sportliche Herausforderung! (Ich widerstand daher auch dem Impuls, mich anschließend zum Rückbildungs-Ballett anzumelden, keine Sorge.)

Mein Tipp daher, so langweilig es auch klingen mag: Bring das öde Beckenbodentraining in einem Kurs hinter dich, der zu deinen sportlichen Erfahrungen passt. Wenn du regelmäßig Yoga machst, wirst du den entsprechenden Kurs sicher mehr mögen als ich. Und falls die Teilnehmerin neben dir, die nicht einmal weiß, wie die Position des Kindes oder der herabschauende Hund aussieht, auf der Matte mal wieder leise vor sich hin schnarcht: Lass sie einfach pennen – auch das ist sicher gut für irgendein Chakra. ✳

57 Und was mach ich jetzt mit dem Baby?

Warum du auch einfach mal nichts tun kannst

Ich hatte eine großartige Hebamme (ihr Mann hat übrigens den Gastbeitrag auf Seite 23 verfasst), und ich habe ihr bei jedem Besuch sehr viele Fragen gestellt. Manche waren berechtigt. Manche waren eher überflüssig und meiner Aufregung und der Übermüdung geschuldet. Eine aber war dabei, die war mir im Nachhinein einfach nur peinlich. Und sie hat sich so in mein Gedächtnis gebrannt, dass ich den genauen Wortlaut noch kenne: „Was mache ich denn jetzt mit dem?", fragte ich meine Hebamme.

Mein Sohn war einige Wochen alt und erst seit ein paar Tagen über längere Zeiträume wach, ohne dabei zu schreien. Und dann lag er da, guckte in die Luft, wippte mit den Füßen und probierte Bewegungen mit den Lippen aus – und ich war völlig überfordert. Rede ich jetzt mit ihm, damit er meine Stimme hört? Soll ich ihm bunte Bilder zeigen, damit er Farben und Formen entdecken kann? Musik anmachen? Singen? Ihn Herumtragen und die Welt (Wohnung) zeigen?

Es wollte nicht in meinen Kopf, dass gerade die ersten Momente einsetzten, in denen mein Sohn mich einfach nicht brauchte. Er scannte aufmerksam sein Blickfeld, wackelte mit den süßen Fingerchen, entdeckte vermutlich gerade, was alles zu seinem Körper gehörte – und war schlicht mit sich selbst beschäftigt und einfach zufrieden. Für mich war das ein vollkommen neues Gefühl nach den bisherigen Rund-um-die-Uhr-Einsätzen als Mami. Und ich habe einfach ein wenig Zeit (und die amüsierte Antwort meiner Hebamme, ich müsse jetzt noch nicht mit Frühförderung anfangen) gebraucht, um zu realisieren, wie wunderbar das eigentlich ist. ✽

58 So viel Beschäftigung mit wenig Aufwand.

Warum du den Trick mit dem Luftballon kennen musst

Wenn der Zeitpunkt gekommen ist, an dem das stinknormale Baby-Blickfeld nicht mehr interessant genug ist, kommt hier der ultimative Tipp für minutenlange Beschäftigung: Du brauchst einen Helium-Ballon (Form und Farbe egal) an einer langen Schnur. Die befestigst du am Knöchel deines Babys – und kannst es jetzt dabei beobachten, wie es durch angestrengtes Strampeln den Ballon zum Wackeln bringt. Fun Fact: Vom Anblick des hochkonzentrierten kleinen Körpers ist man als Mama dabei genauso fasziniert wie das Baby vom Ballon. Ich garantiere erstaunlich lange Selbstbeschäftigung! ✺

59 Was, schon vorbei?

Warum die erste Elternzeit einzigartig ist

Wie oft hast du den Spruch gehört „Die Schulzeit ist die schönste Zeit im Leben"? Ich weiß heute: Das ist nicht wahr. Die Schulzeit ist aufregend, voller Entdeckungen, superlustig, manchmal anstrengend, oft sorgenfrei (manchmal aber auch sorgenvoll) und sicher etwas ganz Besonderes. Wenn ich an meine eigene Schulzeit denke, dann denke ich an meine Freundinnen und Freunde aus der Zeit, an meinen ersten Schwarm und meinen ersten festen Freund. Ich denke ans Flaschendrehen im Landschulheim, an Hausaufgaben, die ich morgens im Bus gemacht habe, an den Tag, an dem ich die Schulordnung abschreiben musste, weil ich mich auf der Toilette versteckt hatte, an die Pausen in der Aula und an die Zuckerbrötchen aus der Cafeteria. Das meiste davon sind wunderbare Erinnerungen. Und trotzdem war es nicht die schönste Zeit meines Lebens.

Keine Panik: Ich will nicht darauf hinaus, dass in Wahrheit die Elternzeit die schönste Zeit des Lebens ist! (Das ist das Tolle am Kinderkriegen: Es wird immer wieder neue schönste Zeiten geben, versprochen.) Aber genau wie die Schulzeit mit ihren Aufs und Abs immer eine ganz besondere Erinnerung bleiben wird, die unsere Synapsen innerhalb von Sekunden mit Geschichten und Gesichtern, Gerüchen und Gefühlen verbindet, genau so wird auch die Elternzeit eine unvergessliche und einzigartige Phase deines Lebens bleiben. Natürlich kann es eine zweite, dritte, vierte Elternzeit geben. Aber die erste bleibt die einzige, in der es nur dich und ein Baby gab. Keine älteren Geschwister, die versorgt werden müssen. Ganz egal, wie lange du Elternzeit nehmen kannst, ob es wenige Wochen oder mehrere Jahre sind: Ich wünsche dir von Herzen eine Zeit, in der du jede Menge wunderbare Erinnerungen sammeln kannst! ✳

60 Früher haben wir das anders gemacht. Na und?

Warum jede Familie die Elternzeit so gestalten sollte, wie es für sie richtig ist

„Schlafen die Mädchen?", frage ich. „Ja, klar", antwortet meine Frau. „Ich geh noch mal hin." „Nein, du weckst sie nur auf!"

Es ist das Jahr 1987, unsere Kinder sind drei und sechs Jahre alt – und meine Frau und ich führen diesen Dialog recht oft. Im Einzelhandel hatten wir uns kennengelernt. Arbeitsschluss damals war 18:30 Uhr. Vor 19:00 Uhr kamst du als Führungskraft nicht weg. Das hieß: Zu Hause warst du frühestens um 19:30 Uhr. Für mich bedeutete das: Die Kinder sah ich nur, wenn ich wirklich pünktlich nach Hause kam. Einen freien Tag hatte ich meistens in der Woche. Und natürlich den Sonntag. Und dann gab es ja noch Urlaub. Zwei Wasserratten mit dem Vater. Während dieser 14 Tage sprangen wir täglich mehrmals ins Meer oder in den Pool. Was für ein Glücksgefühl für mich, für die Kinder, für die ganze Familie!

Natürlich war Mama im Alltag bei den beiden Kleinen. Immer. Das war klar in der damaligen Zeit. Diese Rundumbetreuung war genial. Und ein Glück! In den Kindergarten ging es erst nach dem dritten Geburtstag. Für drei Stunden und nur dreimal in der Woche.

Irgendwie sind die zwei dann überraschenderweise richtig groß und erwachsen geworden. Heute haben wir drei Enkel. Zwei Mädchen sind es schon wieder. Und ein Junge, unser Ältester. Die Enkelkinder sind früh in den Kindergarten gekommen, direkt nach dem ersten Geburtstag. Über fünf Stunden, jeden Tag.

Gastautor

Heiner Bäck
wurde 1949 geboren.
Er ist zweifacher Papa,
dreifacher Opa – und Vater
der Autorin dieses
Buches.

Das ist gar nicht besser zu machen. Meine Töchter können weiter ihre Berufe ausüben, die sie lieben. Die Kinder freuen sich auf die gemeinsame Zeit mit gleichaltrigen Mädchen und Jungs. Und es bleibt trotzdem genug Zeit nach der Kita für die Kids. Auch die Väter sehen ihre Kinder öfter, als ich es konnte. Die Arbeitszeiten sind nicht mehr stur.

Welche Generation hat es nun „besser" gemacht? Was ist „richtig" in Sachen Kinderbetreuung? Ein Elternteil ist rund um die Uhr bei den Kindern? Oder Mama und Papa gehen arbeiten und teilen sich die Betreuung, und die Kinder kommen früh in den Kindergarten?

Ganz klar: beides. Erstens ist alles der Zeit angepasst: Wenn es ein Modell nicht gibt, kannst du es auch nicht umsetzen, außer, du erfindest es. Zweitens muss das jede und jeder für sich entscheiden: Welche Variante ist für uns am besten?

War ich denn unglücklich, weil ich arbeiten musste, als meine Kinder groß wurden? Quatsch mit Soße! Ich bin der glücklichste Vater auf der Welt. Und seit sieben Jahren auch der glücklichste Opa der Welt. Ich find's einmalig. ✹

10 DINGE ÜBER GROSSELTERN, DIE IN KEINEM ELTERNRATGEBER STEHEN.

61 Danke, liebe Omas und Opas!

Warum liebevolle Großeltern ein Segen sind

Wenn du dieses Buch chronologisch angehst, dann hast du eben einen Text von meinem Vater gelesen. Es stand von Anfang an fest, dass seine Gedanken einen Platz auf diesen Seiten bekommen würden – denn ohne ihn und meine Mutter würde es dieses Buch gar nicht geben. Gerade jetzt, während ich diese Zeilen schreibe, sind meine beiden Kinder wieder bei ihnen. Und würden Oma und Opa nicht regelmäßig die Kinder zu sich holen und betreuen, hätte ich nicht nur dieses Buch nicht schreiben können. Mein Mann und ich könnten beide ganz grundsätzlich unsere Jobs gar nicht in der Form ausüben, wie wir es tun. Und vermutlich, nein, ziemlich sicher sogar, wäre ich längst ein kleines bisschen (sehr) durchgedreht.

Ich weiß, dass nicht alle Eltern das Glück haben, liebevolle Großeltern in die Kinderbetreuung mit einbeziehen zu können. Umso dankbarer bin ich nicht nur für die Großeltern meiner eigenen Kinder, sondern für jede tolle Oma und jeden großartigen Opa da draußen, die uns Eltern helfen, das Abenteuer „Familie" ein kleines (oder großes) bisschen besser zu wuppen. Danke, liebe Omas! Und danke, liebe Opas! Es ist wunderbar, dass es euch gibt. ✸

62 Enkelkinder first.

Warum du in der Familienrangordnung gerade nach unten gerutscht bist

Eltern wollen nur das Beste für ihr Kind. Für ihr Enkelkind aber wollen sie das ALLERbeste. Dich lieben sie, wie – na klar – Eltern ihr Kind lieben. Aber nun hat ihr Kind ein Kind bekommen, und die Liebe ist exponentiell gewachsen. Großelternliebe ist Mutterliebe hoch zwei.

Das heißt natürlich nicht, dass sie dich plötzlich weniger lieben, oh nein! Es ist nur so: Das Enkelkind steht jetzt an erster Stelle. Das würden sie so nie sagen (weil sie es selbst gar nicht fassen können). Aber stell dich einfach darauf ein, dass deine Eltern künftig erst dein Kind begrüßen – und dann dich. Oder sich erst nach ihrem Enkel oder ihrer Enkelin erkundigen und dann nach deinem Wohlbefinden. Vielleicht vergessen sie den Teil mit dir aber auch. Hauptsache, dem Enkelkind geht es gut! Dann wird der Rest schon passen. ✳

63 Mama, du wirst Oma!

Warum es sich so wunderbar anfühlt, diese Worte auszusprechen

Vor einigen Jahre habe ich ein spannendes Interview mit der Familienberaterin Claudia Hillmer geführt. Sie sprach dabei von den unglaublichen Emotionen, die Eltern überraschen, wenn sie zu Großeltern werden. „Enkel-Bindungs-Hormondusche" nannte sie diese geballte Gefühlsladung.

Bei meinen Eltern konnte ich das Phänomen schon beobachten, lange bevor ihr erstes Enkelkind geboren wurde. Als ich ihnen verkündete, dass ich ein Kind erwarte, brach meine Mutter in Glückstränen aus. Sie streichelte meinen (wohlgemerkt noch vollkommen flachen) Bauch, lief ziellos auf und ab, nahm mich zwischendurch immer wieder in den Arm, fragte mich unendlich viele Fragen, deren Antworten ich selbst noch nicht kannte und diskutierte angeregt mit uns, ob der befruchtete Zellhaufen in meinem Uterus sie später „Omi Inna" oder lieber „Oma Inna" nennen sollte, denn „Omi" sei zwar schöner, aber die beiden aufeinanderfolgenden i sicher schwer auszusprechen. Mein Vater hörte sich das alles an, lächelte nur, während seine Hand sich immer fester um die Stuhllehne legte, und sagte sehr lange einfach gar nichts. Auf Außenstehende hätte seine Reaktion wenig euphorisch gewirkt. Aber ich kannte ihn zu diesem Zeitpunkt bereits 29 Jahre und wusste, dass das Gegenteil der Fall war. Mein Papa wird immer dann besonders ruhig, wenn in ihm extrem viele Emotionen toben. (Was ihn übrigens zum liebevollen und geduldigen Opa prädestiniert.) „Toll", brachte er schließlich hervor, und: „Ich freue mich riesig für euch. Und für uns." Seine Augen glänzten, als er das sagte.

Für mich war dieser Moment wunderschön, weil ich spürte, was für eine unendliche Freude ich meinen Eltern bereitete. Ich werde es hoffentlich eines Tages selbst erleben, wie es sich anfühlt, ein Enkelkind zu erwarten. (Kein Druck, Kinder, falls ihr das hier eines Tages lest!) Bis dahin kann ich es mir nur vorstellen. Die Vorfreude darauf, Lebensweisheiten und ganz viel Liebe an eine weitere Generation weiterzugeben. Und den Stolz auf das eigene Kind, das im Begriff ist, ein Elternteil zu werden. Ich meine: Ich platze ja schon vor Glück und Stolz, wenn der Zahnarzt meinen Sohn fürs Zähneputzen lobt oder wenn meine Tochter ganz allein die Hose richtig rum anzieht. Wie stolz muss man als Elternteil erst sein, wenn das eigene Kind Mama oder Papa wird? Wie glücklich, wenn es all das Wunderbare, das man schon erfahren durfte, selbst erleben darf? Gut, das mag dann auch die Sicht durch die rosarote Großeltern-Brille sein, die die schlaflosen Nächte, die Trotzanfälle und die pubertären Jahre konsequent ausblendet. Aber dieser verklärte Rückblick sei allen Omas und Opas gegönnt. Und ich habe ja auch was davon: Denn bei mir schwingt dadurch in all dem momentan noch sehr realen Alltagsdurcheinander das beruhigende Gefühl mit, dass es eben vor allem diese wunderbaren Seiten des Elterndaseins sind, die auch bei uns eines Tages hängenbleiben. Und darauf freue ich mich schon jetzt. ❋

64 Das habt ihr mir aber nicht erlaubt, als ich klein war!

Warum es okay ist, wenn die Großeltern ihre Enkelkinder verwöhnen

Ich komme aus einem Ort in der Nähe von Kiel, und die Kieler Woche war für uns Kinder das jährliche Highlight: Zuckerwatte und Trampolin, Kinderschminken und Kaspertheater. (Gut, und irgendwo im Hintergrund findet eines der größten Segelsportereignisse der Welt statt – aber das interessiert dich eher weniger, wenn du drei, fünf oder sieben Jahre alt bist.) Meine Eltern waren immer großzügig an diesen Tagen. Nur eine Sache war aus ihrer Sicht „völlig überteuert" und „absoluter Quatsch": ein Folienballon. So ein mit Helium gefüllter, der richtig in die Luft steigt, und nicht einfach zu Boden sinkt. Sehnsüchtig stand ich Jahr für Jahr vor der bunten Auswahl am Luftballonstand, träumte vor mich hin, ob ich nun den Minnie-Maus-Ballon mit Glitzerohren oder den Arielle-Ballon mit schimmerndem Meerjungfrauenschwanz nehmen würde, wenn ich mir einen aussuchen dürfte. Ich durfte nicht. Stattdessen wurde mir erklärt, dass „wir" keine sechs Mark fünfzig für heiße Luft in einer Folie ausgeben.

Als unser Sohn vier und unsere Tochter anderthalb Jahre alt war, durften beide das erste Mal mit zur Kieler Woche. Ohne uns Eltern – ein Oma-Opa-Enkelkinder-Ausflug. Und was hielten beide in den Händen auf dem Foto, das ich hinterher zugeschickt bekam? Den „völlig überteuerten, absoluten Quatsch", den „wir" nicht kaufen, weil „wir dafür ganz bestimmt keine sechs Mark fünfzig ausgeben". (Sechs Mark fünfzig kosten die Dinger heute übrigens nicht mehr, sondern acht Euro). Fassungslos blickte ich aufs Handydisplay – und meine Anderthalbjährige strahlte stolz zurück, mitten in die Kamera, MEINEN Glitzerohren-Minnie-Maus-Ballon ums Handgelenk geschnürt. (Als ich das sah, war ich übrigens ganz sicher, dass ich DEN wollte, schon immer, und nicht Arielle.) Im Hintergrund grinste der Vierjährige seinen Lightning-McQueen-Ballon an.

Meine Eltern konnten sich übrigens beim besten Willen nicht daran erinnern, dass sie mir den bunten Ballonspaß früher verweigert haben. „Das habe ich so gar nicht in Erinnerung", betont meine Mutter noch heute. Und wenn ich ehrlich bin: Das ist vollkommen in Ordnung. Dafür erfreuen sich jetzt, 30 Jahre später, gleich drei Generationen an der heißen Luft in teurer Folie: Meine Kinder sowieso. Meine Eltern, wenn sie die Freude meiner Kinder sehen. Und ich, wenn ich sie alle vier beim Glücklichsein beobachte. In besseren überteuerten Quatsch kann man zweimal acht Euro gar nicht investieren. ✷

65 Bei Oma haben wir nur Fernsehen geguckt.

Warum es immer zwei Wahrheiten gibt

Spannend wird die Sache mit den Besuchen bei Oma und Opa dann, wenn die Kinder alt genug sind, selbst davon zu erzählen. „Wie war das Wochenende bei Oma und Opa?", frage ich interessiert. „Toll!", antwortet der zu diesem Zeitpunkt Fünfjährige begeistert. „Wir haben ganz viel Fernsehen geguckt, und dann ist Mina hingefallen und hatte eine Blutwunde, und gestern hatten wir dreimal Eis!"

Natürlich dürfen unsere Kinder bei Oma und Opa mehr (oder einfach andere Sachen) als bei uns. Dazu gehört auch mal eine Extra-Folge „Feuerwehrmann Sam" und ein zweites (oder drittes) Eis. Und dennoch: Dass Oma und Opa mit den beiden auch im Zoo und am Strand waren, zwei Stunden Fußball im Garten gespielt und mit Wasserfarben gemalt haben, fehlt in diesem Bericht. Und dass die „Blutwunde" mit einem Oh-wie-schön-ist-Panama-Pflaster verarztet werden konnte und das Eis zuckerfrei war, auch.

Bleibt also zu entscheiden, welchem Bericht man mehr Glauben schenkt. Ich halte es da frei nach Justitia: im Zweifel für Oma und Opa. Nicht, dass ich meinen eigenen Nachwuchs des Lügens bezichtigen möchte, oh nein! Aber die kindliche Wahrnehmung ist in der Regel selektiv. Wenn es das „viele" Fernsehen, das Eisessen und das Bluten ist, das bei meinem Sohn hängenbleibt, dann ist das legitim. Und selbst wenn es noch eine Folge mehr im Fernsehen wäre, drücke ich gern ein Auge zu – solange es für alle Beteiligten ein wunderbares Wochenende war. (Nicht zuletzt für die daheimgebliebenen Eltern.) *

66 Ich will bei Oma und Opa wohnen!

Warum man selbst als Mutter manchmal den Kürzeren zieht

Kinder haben bekanntermaßen die Macht, nicht nur die großelterlichen Gefühle ganz beiläufig mit ihren kleinen Füßchen zu treten (siehe nächster Punkt) – sondern auch die der Eltern. So schluchzte sich meine Tochter vergangene Woche in den Schlaf: „Ich will viel lieber bei Oma und Opa wohnen! Da ist einfach alles besser als bei uns, Mama. ALLES!" Naaaw, so fühlt sich also gelebte Dankbarkeit an. (Nicht.) Reizend. (Nicht.) Um das gleichnamige Buch meiner Kollegin Marlene Hellene an dieser Stelle zu zitieren: „Man bekommt ja so viel zurück."

PS: In Wahrheit ist es natürlich wirklich toll, wenn die Kinder richtig gern bei Oma und Opa sind. Aber kann man das verdammt noch mal nicht ETWAS feinfühliger formulieren, Kind?!??? ✺

67 Ich mag die andere Oma aber lieber!

Warum Eifersucht unter Großeltern normal ist (auch wenn sie gar nicht nötig ist)

Den Status „Oma" teilt man sich in der Regel. Und man kann von einem Kind nicht erwarten, dass es alle Großeltern gleich lieb hat. Nur drücken diese Großmeister der Rhetorik ihre Vorlieben oft sehr unverblümt aus: „Ich mag es lieber, wenn Oma Anne das Buch vorliest. Du machst das komisch", und ein beherztes: „Warum kommt Oma Ilse nicht mit in den Urlaub? Das wäre schöner!", wenn man gerade mit Oma Ingrid ins Auto steigt, können die großelterlichen Gefühle schnell (und stark) verletzen.

Die Gewichtung zwischen einer möglichen Lieblingsoma und der „anderen Oma" verliert an Bedeutung, wenn das Enkelkind zu beiden eine gute und verlässliche Bindung wachsen lassen kann. Und die darf jeweils komplett verschieden ausgestaltet sein, mit eigenen Lieblingsbeschäftigungen: Mag sein, dass Oma Else besonders gern und gut vorliest, aber dafür baut Oma Edit diese hohen Legotürme und macht lustige Stimmen nach, wenn sie mit den Kasperfiguren spielt. (An dieser Stelle möchte ich meinen tiefen Respekt aussprechen an meine Schwiegermutter Oma Rena: Keine andere erwachsene Person in unserer Familie spielt so überzeugend den zweiköpfigen Schleich-Eldrador-Höllenhund wie du!) Vielleicht geht die eine Oma gern ins Schwimmbad mit dem Enkelkind, die andere lieber ins Kino?

Diese Vorlieben herauszufinden lohnt sich. Denn wenn Omas sich ergänzen und nicht konkurrieren, ist das die bestmögliche Konstellation für alle. (Das gilt natürlich auch für die Opas!) Und aus Erfahrung kann ich sagen: Ja, das gibt es wirklich, und es funktioniert ganz wunderbar. ✳

68 Schatz, meine Mutter kommt uns besuchen.

Warum Schwiegermütter nicht automatisch Monster sind

Die Autokorrektur meines Handys macht aus „Schwiegermutter" „Schwierigkeiten". Das ist witzig. Aber auch gemein. Zuerst möchte ich betonen, dass jede Mutter, deren Kind verheiratet oder in einer eheähnlichen Beziehung lebt, eine Schwiegermutter ist – auch meine und deine. Und ich weigere mich zu akzeptieren, dass meine großartige Mama aus der Perspektive von egal wem als „typische Schwiegermutter" gesehen wird – mit all den negativen Klischees, die diesem Titel anhaften. Schon gar nicht von meinem Mann.

Schwiegermütter sind besser als ihr Ruf. Umfragen haben längst ergeben, dass das Bild der bösen oder nervigen Schwiegermutter nicht mit der Realität übereinstimmt. Laut ZDFkultur verstehen sich zwei Drittel der Befragten gut oder sehr gut mit ihrer Schwiegermutter. So auch ich: Die Mutter meines Mannes ist liebevoll zu ihren Enkelkindern, unterstützend in unserem Familienleben und gleichzeitig respektvoll unserer Privatsphäre gegenüber.

Trotzdem gilt auch: Nur weil du deinen Partner oder deine Partnerin liebst, musst du nicht begeistert von den zugehörigen Eltern sein. (Denn ja, es kann auch sein, dass sie wirklich blöde sind.) Dennoch kämpfe ich gern dafür, dem Begriff „Schwiegermutter" die negative Konnotation zu nehmen. Denn im besten Fall ist deine Schwiegermutter vor allem eins: eine weitere liebevolle Oma für dein Kind. Und davon kann es auf dieser Welt nicht genug geben. (Und im etwas schlechteren Falle wünsche ich euch allen starke Nerven.) ✳

117

69 Wann können wir die Kleinen wiedersehen?

Warum das Wort „enkelsüchtig" in den Duden gehört

„Nie wollte ich so eine dieser komischen alten Frauen sein, die sich nur noch über ihre Enkel identifizieren und ständig darüber plappern, was die schon alles können." Diesen Satz hat meine Mutter nicht nur gesagt, sie hat ihn aufgeschrieben für mein Großeltern-Portal Enkelkind.de. „Hatte ich übrigens schon berichtet, wie toll der Große bereits in der 1. Klasse liest und die Mädchen mit vier und drei Jahren malen, Storys erzählen und klettern können? Und wie hübsch alle drei sind? Und wie groß?", geht ihr Erfahrungsbericht weiter, der den Titel trägt: „Bin ich enkelsüchtig?"

Das Großartige an Enkelkindern ist laut Volksmund, dass man sie wieder abgeben kann. Die Großeltern meiner Kinder bestätigen das natürlich nur hinter vorgehaltener Hand. Aber mir ist klar: Wenn schon ich mit meinen 37 Jahren nach einem Wochenende voller Spielplatzbesuche, Paw-Patrol-Rollenspiele und Hilfe-die-Tomatensoße-berührt-die-Nudeln-ich-ess-das-nicht-Diskussionen maximal erschöpft bin, dann ist das mit ein paar Jahrzehnten mehr Lebenserfahrung sicher nicht leichter wegzustecken. Natürlich im Gegenteil.

Und dennoch: Kaum ist mein Vater mit den Kindern auf der Rückbank vom Hof gefahren, um sie zurück zu uns nach Hamburg zu bringen, schreibt meine Mutter mir schon die erste Nachricht: „Wann kommen sie wieder? (Smiley mit Herzchenaugen)" Und wenn meine Schwiegermutter die 400 Kilometer aus Wiesbaden hochgefahren kommt, stundenlanger Stau vorm Elbtunnel inklusive, um eine Woche lang die Kinder aus Schule und Kita abzuholen, den ganzen Nachmittag zu betreuen und abends

beim Schlafengehen nicht weniger als sieben Bilderbücher vorzulesen, bevor sie selbst erschöpft ins Bett fällt, dann fragt auch sie mich noch vor der Abreise: „Wann braucht ihr mich wieder?" (ohne Smiley, aber mit metaphorischen Herzchen in den Augen).

Ich stelle mir das Oma-Sein so vor: Man empfindet nur (oder zumindest hauptsächlich) die großartigen, überwältigenden, mit Liebe gefluteten Emotionen. Die ganze Panik und das Hilfe-ich-werde-alles-falsch-machen-Gefühl hat man ja schon bei den eigenen Kindern hinter sich gebracht (und irgendwann festgestellt, dass sie unnötig sind). Und die eigene Elternerfahrung sorgt dafür, dass einen wiederkehrende Trotzanfälle, lautstarke Geschwisterstreitigkeiten oder Unfälle mit „Blutwunden" (siehe Punkt 65) nicht mehr aus der Ruhe bringen.

Ein ewig anhaltender Glücksgefühl-Rausch, ohne Angst vor dem Kater. Denn wenn es wirklich zu anstrengend wird, sind ja immer noch die Eltern da. Ganz im Ernst: Wie könnte man danach nicht süchtig sein? ✳

70 Danke, liebe Eltern, dass ihr uns zu Großeltern macht!

Warum Enkelkinder immer ein Segen sind

Die Geburt der eigenen Kinder kann man im gewissen Maße beeinflussen. Enkelkinder bekommt man ungefragt geschenkt. Im letzten Drittel des Lebens Opa beziehungsweise Oma zu werden, ist ein ganz besonderes Glück. Es ist eine Chance, manches noch einmal zu erleben und vieles sogar neu zu entdecken.

Aber auch, wenn die Großelternschaft ein Geschenk ist, so muss man es (über etliche Jahre) annehmen und mitgestalten wollen. Ich selbst habe fünf Enkelkinder, die im Kleinkindalter sind, in die Kita und in die Grundschule gehen. Damit befinde ich mich in der Hochzeit meines wunderschönen Opa-Seins.

Mit den Enkelkindern kann ich meine früheren Hobbys wieder aktivieren. So habe ich meine alte Lehmann-Eisenbahn vom Dachboden geholt und erfreue mich daran genauso sehr wie die Kinder. Ich bastele und werke auch wieder so viel (und so gern!) wie früher. Es bereitet mir riesige Freude, dem Enkelsohn oder der Enkeltochter dabei zu helfen, die Laubsäge richtig zu halten oder ihnen zu erklären, wie man eine Vorlage richtig durchpaust. Unsere Projekte zeigen wir dann stolz in der Familie herum.

Doch ich habe mir auch fest vorgenommen, für mich neue Tätigkeiten gemeinsam mit den Enkelkindern auszuprobieren. So habe ich mit 74 Jahren den ersten Kuchen meines Lebens gebacken. Und von Oma habe ich die italienische Eismaschine übernommen, mit der ich gemeinsam mit meinen Enkelkindern Eis mache.

Gastautor

Jürgen Busch
wurde 1945 geboren.
Der fünffache Opa ist der
Gründer der Großeltern-
Websites grossvater.de
und Hallo-Opa.de.

Mein ganz besonderer Dank geht an die Eltern, insbesondere an die Schwiegertöchter und Schwiegersöhne, die uns vertrauensvoll ihre Kinder übergeben. Dies setzt eine gute und liebevolle Beziehung zwischen Eltern und Großeltern voraus. Die Eltern müssen dazu bereit sein, die menschlichen Stärken, aber auch die Schwächen der eigenen (Schwieger-)Eltern zu akzeptieren und zu tolerieren. Sie müssen zuhören können, wenn die Großeltern Geschichten erzählen, die interessant sind, aber nicht mehr in die heutige Zeit und Elterngeneration zu passen scheinen; ein Auge zudrücken, wenn sie Geschenke schenken, die nicht benötigt werden oder nicht passen. Und ich erinnere mich noch sehr genau daran, wie meine Eltern mir Ratschläge mit auf dem Weg gegeben haben, die sehr gut gemeint waren, aber die wir als Eltern so nicht umsetzen konnten oder wollten. Oje, bestimmt mache ich als Vater dasselbe heute mit meinen Kindern ...

Ich kann hier gar nicht sagen, wie verliebt ich in meine Enkelkinder bin! Natürlich weiß ich, wer Meister Eder und Pumuckl sind, ich weiß aber auch einiges über Elsa und Anna oder über Buzz Lightyear – einfach wunderbar! Vielleicht sehe ich als Großvater heute die strahlenden Augen der Kinder deutlicher als früher. Klar ist aber auch: Meine Augen strahlen genauso sehr. Und ich lache jetzt viel mehr! Danke dafür, liebe Enkelkinder. Und danke an meine Kinder und an alle Eltern da draußen, dass ihr euch für Nachwuchs entschieden habt – und uns damit zu Großeltern gemacht habt. ✹

10 DINGE ÜBER DIE KITA (UND SCHULE), DIE IN KEINEM ELTERNRATGEBER STEHEN.

71 Es hilft nichts, wenn die Mutter heult.

Warum die Eingewöhnung nicht nur für dein Kind eine Umstellung ist

Irgendwann ist er da: der Tag, an dem dein Kind das erste Mal in die Kita geht. Natürlich nicht gleich die volle Stundenanzahl. Ganz sanft wird es an die neue Umgebung herangeführt. Die verschiedenen Eingewöhnungsmodelle folgen festgelegten Schritten mit klangvollen Namen wie „Sicherheitsphase", „Stabilisierungsphase" oder „Vertrauensphase". Aus eigener Erfahrung kann ich aber sagen: Eine Die-Mutter-dreht-total-durch-Phase oder eine Die-heult-seit-20-Minuten-und-wir-müssen-wieder-komplett-von-vorn-anfangen-Phase ist nicht vorgesehen.

Ja, ich gebe es zu: Ich war bei der Kita-Eingewöhnung meines Sohnes keine große Hilfe. Im Gegenteil: Nach einigen Tagen sprach mich die Erzieherin an, ob ich nicht darüber nachdenken wolle, die Eingewöhnung an meinen Mann zu übergeben. „Wenn dein Sohn sieht, dass du weinst, denkt er ja, hier passiert gerade etwas ganz Schlimmes", lautete die Begründung. „TUT ES JA AUCH!", schrie ich ... Natürlich NICHT laut, sondern nur in Gedanken. Stattdessen riss ich mich zusammen und unterdrückte die Trennungstränen vor meinem Kind, so gut ich nur konnte. Und fragte mich dabei leise, ob ich hier eigentlich gerade das Richtige tat.

Belohnt wurde ich schon wenige Wochen später mit einem rundum Kita-verrückten Kind, das morgens nicht schnell genug in die Einrichtung kommen konnte, und nachmittags am liebsten gar nicht mehr aus ihr heraus. Und mit dem wunderbaren Gefühl, die absolut richtige Entscheidung getroffen zu haben. Die Erzieherin, die mich anfangs gebeten hatte, mit dem Heulen aufzuhören, „benutzte" mich noch Jahre später als ermutigendes Beispiel für andere Mütter, die sich schwertaten bei der Eingewöhnung: als die heulende Mama, die eine viel längere Kita-Einge- und Kind-Entwöhnung gebraucht hatte als ihr Sohn. Die aber zur stolzesten Mutter eines durchweg glücklichen Kita-Kindes geworden war.

Falls auch dir bei der Kita-Eingewöhnung die Tränen kommen: Ich fühle mit dir. Und bin auch sehr gern für dich das mutmachende Beispiel, dass sich der aktuelle Trennungsschmerz schon ganz bald absolut lohnen wird. ✳

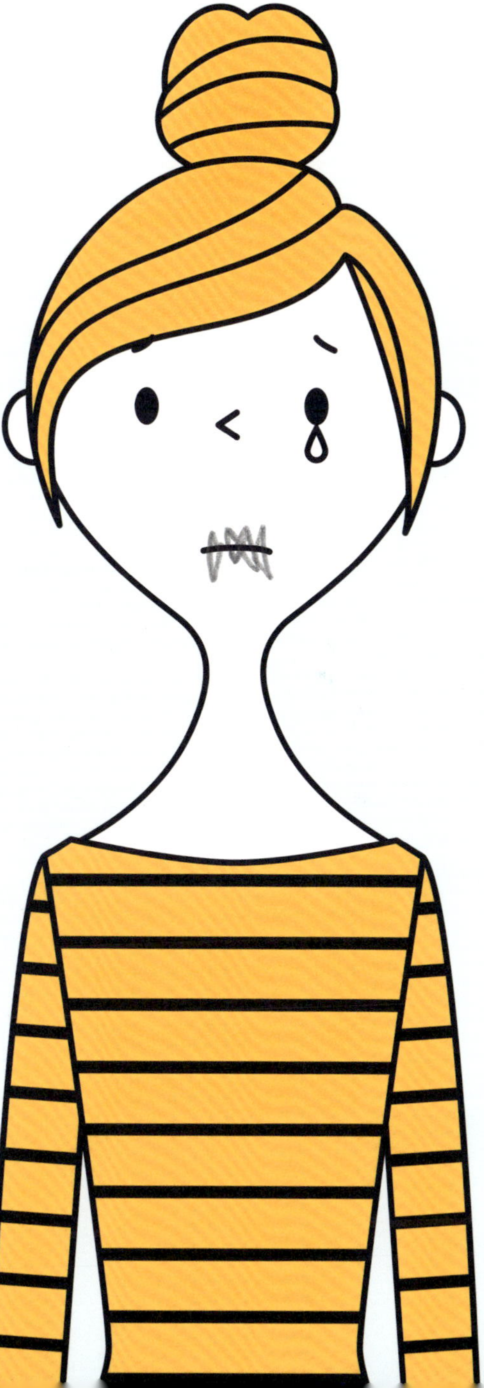

72 Herzlich willkommen, liebe Eltern der Wiesenwichtel!

Warum du ruhig alles glauben kannst, was du über Elternabende gehört hast

Sicher kennst du längst einige lustige, irritierende oder nahezu unglaubliche Anekdoten über Elternabende. Es gibt ganze Bücher, die Geschichten erzählen von Müttern und Vätern, die sich selbst auf Kita-Ausflüge einladen, vorgewärmte Klobrillen für ihre Kinder einfordern oder direkt in der ganzen Einrichtung ein Fruktose-Verbot erlassen wollen. Zu all diesen Storys kann ich aus eigener Erfahrung nur eines sagen (und mein kleines Fan-Herz freut sich gerade sehr, dass ich es tatsächlich schaffe, ein „Star Wars"-Zitat in diesem Buch unterzubringen):

IT'S TRUE. ALL OF IT.

Auch ich habe auf diversen Elternabenden in drei verschiedenen Kitas, einer Vorschule und nun der ersten Klasse schon so ziemlich alles erlebt. Von kleinen Lächerlichkeiten („Ich frage mich, ob die Kinder sich wirklich frei entfalten können, wenn sie nur die Wahl zwischen Yoga und Capoeira haben") über große Peinlichkeiten („Mir ist wichtig, dass ich nichts verpasse, was hier passiert. Können Sie ein Videotagebuch führen?") bis hin zu richtigen Unverschämtheiten („Die drei Euro für die Kaffeekasse zahle ich nicht. Ich finde nicht, dass die Erzieher Kaffee trinken sollten während der Arbeitszeit."). Und dennoch: Es fällt mir (zumindest manchmal) schwer, diese Aussagen, Fragen und Forderungen zu verurteilen. Wenn es um unsere Kinder geht, können wir Mütter und Väter nun mal einfach überbehütend, superkritisch und mega-engagiert sein. Oder, um es zusammenzufassen: komisch.

Und außerdem bin ich mir sicher: Auch ich habe auf Elternabenden schon Dinge gesagt, die für alle Anwesenden befremdlich waren. Denn, Hand aufs Herz, wenn man auf dem viel zu kleinen Sitzmöbel im stickigen Kita- oder Klassenraum hockt, dann ist man selbst nicht objektiver als die Väter und Mütter, die rechts und links von einem sitzen. Klar, man möchte das Beste für die Gruppe, aber vor allem möchte man das Allerbeste für das eigene Kind. Und diese Priorisierung kann oftmals nicht einhergehen mit einem rundweg harmonischen Diskurs zwischen allen Eltern, Erzieherinnen und Erziehern zu sämtlichen Tagesordnungspunkten. Dafür sind die Vorstellungen und die Umsetzungsmöglichkeiten einfach zu unterschiedlich beziehungsweise eingeschränkt. Und allein dadurch hat jeder Elternabend mit an Sicherheit grenzender Wahrscheinlichkeit das Potenzial, sich den Zusatz „aus der Hölle" zu verdienen. Also: Augen zu und durch. Oder noch besser: Mund zu und durch. Dann ist das Ganze auch schneller vorbei.

PS: Dass es auch anders gehen könnte, hat Corona gezeigt. Ohne Live-Versammlungen. Und ich kann mit Inbrunst sagen: Virtuell ist das alles viel besser zu ertragen. Im Zweifel mithilfe der Stummschalttaste. ✳

73 Jetzt brauchen wir noch Freiwillige. Wer möchte?

Warum du eine gute Taktik brauchst, um keine Elternvertreterin zu werden

Eben weil Eltern, wie gerade beschrieben, sehr komisch werden können, wenn es um ihre Kinder geht, möchte ich diesen einen Ratschlag unbedingt loswerden: Werde keine Elternvertreterin! Ich kann es dir natürlich nicht verbieten, aber ich möchte dich wirklich mit jeder Zelle meines Körpers davon abhalten. All die Mühe, all die Zeit, all die Ideen – sie lohnen sich einfach nicht. Denn es wird immer, wirklich immer, eine Handvoll Eltern geben, die deine in Nachtschicht vorbereiteten Sommerfest-Büfetts, deine durch tagelange Klinkenputz-Arbeit aufgetriebenen Tombola-Preise und deine liebevoll eingepackten Erzieherinnen-Weihnachtsgeschenke lautstark auseinandernehmen werden. Weil sie nicht vegan, pädagogisch wertvoll oder preiswert genug sind. Oder ganz einfach, und damit kommen wir zum Anfang zurück, weil Eltern wirklich VERDAMMT komisch sein können. Und so verwandeln sich das Engagement und die Lust, einen sinnvollen und von Herzen kommenden Beitrag zu leisten für die Kinder der Gruppe, ihre Vertrauenspersonen und die ganze Einrichtung in Frust – und in die Frage: Warum zum Geier habe ich dieses Amt je angenommen?

Nun, in den meisten Fällen ist die Antwort darauf nicht, dass man den unbändigen, naiven, echten Wunsch verspürte, als Elternvertreterin alles, aber auch wirklich alles besser, schöner, netter zu gestalten (und gleichzeitig in dem Glauben lebte, dass das auch wirklich möglich sei), sondern eher die recht ernüchternde: Irgendeine musste es halt machen. Denn das, was ich vorher beschrieben habe, ist ja, seien wir ehrlich, längst kein Geheimnis mehr.

Was kann man also tun, wenn es auf dem Elternabend heißt, „Wir können erst nach Hause gehen, wenn sich jemand gefunden hat, der dieses Amt übernimmt" (ja, so läuft das ab, das ist kein Scherz!)? Auf Twitter habe ich vor einiger Zeit einen Tipp entdeckt, der sinngemäß lautete: Wer zum Elternabend einen Bierhelm aufsetzt, muss nicht in den Elternrat. Das habe ich zwar noch nicht ausprobiert, aber ich denke, es stimmt. Noch besser allerdings gefällt mir die Taktik von meinem absoluten Idol in Sachen „Amtsverweigerung": Direkt angesprochen von der Vorschulklassenlehrerin, ob nicht er das Amt des Elternvertreters übernehmen wolle, antwortete ein Vater auf dem Vorschulelternabend meines Sohnes: „Das kommt leider nicht infrage, ich bin absolut unzuverlässig." Ein Satz, den ich seither ausgesprochen gern zitiere, um mich um ungeliebte Aufgaben zu drücken – nicht nur auf Elternabenden. ✸

74 Gestatten: Sam, Bob, Chase, Kai und Peppa.

Warum du jede Menge neue Charaktere kennenlernen wirst

Kennst du schon die Hundewelpen Chase, Marshall, Skye und Zuma? Die Feuerwehrleute Sam, Penny, Elvis und Steele? Oder die Ninja Kai, Zane, Cole und Nya? Nein? Oooh, was hast du noch für wunderbare Entdeckungen vor dir, ich ... äh ... freue mich für dich! Du wirst sie alle hasslieben lernen, die Figuren aus den fiktiven Welten, die in der Generation unserer Kinder angesagt sind. Denn auf der einen Seite begeistern (und beschäftigen) sie dein Kind so sehr, dass du sie richtig liebgewinnst – mit der Zeit. Doch auf der anderen Seite kannst du die knallgrellen Zeichentrickheinis und ihre beknackten „Fälle", „Rettungseinsätze" und „Missionen" schon ganz bald nicht mehr ausstehen, weil sie dir nicht nur in ewig wiederkehrenden Rollenspielen auf die dünnen Nerven gehen („Mamaaaa, du bist jetzt eine Baby-Schildkröte, und ich bin Chase, und ich rette dich mit meiner Seilwinde"), sondern weil sie dir auch von der Unterhose bis zur Brotdose von jedem Gegenstand in eurem Haushalt entgegengrinsen. Gegenstände, die DU auch noch alle selbst gekauft hast! Weil du nichts dagegen tun kannst, dass die ausgeklügelte Marke-

ting- und Merchandise-Strategie der Lizenzgeber auch eure Familie mit voller Breitseite erwischt. Denn ganz egal, ob dein Kind neu in die Krippe, in den Elementarbereich, die Vorschule oder die erste Klasse kommt: Es wird dort immer Kinder geben, die Hörspiele, Serien, Magazine oder Spielsachen kennen, von denen euer Kinderzimmer bislang verschont geblieben ist. Bis jetzt. Denn schon bald wirst auch du den großen, strahlenden Augen nicht widerstehen können, die sich an der Supermarktkasse so, so, SO sehr die „Paw Patrol"-Zeitschrift mit aufgeklebtem Plastik-Handy darauf wünschen. Und dann wird aus dieser einen Zeitschrift ein erstes Spielzeug und ein resigniertes „Na gut, es kann ja nicht schaden, wenn wir einmal in die Serie reinschauen". Und ZACK, schon bist du gefangen in den samtig weichen Pfoten der Hundepatrouille. (Die nicht nur zur Weihnachtssaison eine ganze Kollektion neuer, überteuerter Plastikspielsachen auf den Markt schmeißt, sondern gleich mehrmals pro Jahr – juhu!).

Vor der Paw Patrol treten vermutlich aber erst einmal Peppa Wutz, Bob der Baumeister und Feuerwehrmann Sam in dein Leben. Und danach die Lego-Ninjago- oder Lego-Friends-Figuren und die Miraculous-Heldinnen und -Helden. Aber ich will dich gar nicht mit Theorie langweilen (und auch nicht zu viel verraten): Du wirst das in der Praxis ganz bald alles selbst herausfinden. Und mit ein bisschen Ironie und ganz viel Hoffnung, dass du vielleicht doch an der ein oder anderen Serie ein wenig Freude findest, wünsche ich dir von Herzen: viel Spaß dabei! ✺

75 Papa ist ein Kakaloch!

Warum du bald ganz neue Wörter lernen wirst

Aus der Kita und Grundschule bringen Kinder nicht nur neue Zeichentrickhelden mit ins Kinderzimmer. Sie lernen hier auch ganz neue Beleidigungen. Denn mit Schimpfwörtern ist es wie mit Läusen: Sie verbreiten sich unaufhaltsam. Und ja, es ist erschütternd, wenn der eigene kleine Kita-Krümel plötzlich vor einem steht und einem ein beherztes „Assloch!" an den Kopf wirft. Ich erinnere mich auch noch zu gut an unser erstes unbeholfenes „Fack juh!", das vom Grundschulhof mit nach Hause gebracht wurde. (Natürlich ohne eine Ahnung, was das bedeuten könnte.)

Auf der anderen Seite eröffnet diese neue Welt des Vokabelaufgreifens auch eine ungeahnt praktische Ausflucht auf Familienfesten und in anderen prekären Situationen. Wenn Junior laut „Scheiße!" ruft (das ganz sicher von Mama oder Papa gelernt wurde, was aber natürlich keiner von beiden zugeben möchte), dann reicht ein kopfschüttelndes „Schlimm, was die heute alles in der Kita aufschnappen!", um die Sympathien wieder ganz auf seiner Seite zu haben. Gerade noch mal gut gegangen. ✸

133

76 Sie müssen bitte Ihr Kind abholen. Sofort.

Warum du lernen wirst, neue Prioritäten zu setzen

„Keine Sorge, wir haben hier sehr viele Eltern – jeder von uns kennt den Anruf von der Kita um 11:42 Uhr: ‚Ihr Kind hat Fieber, können Sie es bitte abholen?' Kein Problem, von unserer Arbeit hängen keine Menschenleben ab."

Diesen großartigen Text habe ich vor zwei Jahren in der Stellenausschreibung einer Hamburger PR-Agentur entdeckt. Zum einen ist es natürlich super, dass es solche Zeilen in Jobangeboten gibt. Zum anderen aber ist es schade, dass sie einem sofort als „Best Case" ins Auge springen – eben, weil sie noch so, so selten sind.

Der Anruf aus der Kita wird kommen. Und das nicht nur um 11:42 Uhr, sondern zu jeder denkbaren Uhr- und Arbeitszeit. Ja, auch auf dem Weg zum unverschiebbaren Geschäftstermin, mitten in der wichtigen Präsentation, die du seit Wochen vorbereitet hast, und kurz vor dem Team-Meeting mit der Arbeitsgruppe, die sowieso schon genervt ist, weil du „immer so früh Feierabend" machst.

Natürlich kann man sich mit dem Partner oder der Partnerin absprechen, Oma und Opa einbeziehen oder Notfall-Babysitter engagieren. Aber diese Pläne gehen eben nicht immer auf. Und dann passiert etwas – wie ich finde – Furchtbares: Anstatt sich Sorgen um das kranke Kind zu machen, ist das mütterliche Gehirn damit beschäftigt, ein schlechtes Gewissen Arbeitgebenden, Kundinnen und Kunden oder Kolleginnen und Kollegen gegenüber zu haben.

Ich weiß, es ist leichter gesagt als getan, und ich habe selbst mehrere Jahre gebraucht, bis ich es endlich verinnerlicht hatte – dafür sage ich es heute sogar als Selbstständige aus voller Über-
zeugung: Wenn dein Kind zu krank ist, um in der Kita oder Grundschule zu bleiben, dann ist es absolut legitim und wich-tig, dass deine Gedanken und deine Aufmerksamkeit einzig und allein deinem Nachwuchs gelten, das Handy aus und die E-Mails un-gelesen bleiben. Und natürlich bist du trotzdem keine schlech-tere Mutter, wenn du das nicht schaffst! Ich will dir nur Mut machen, es zu probieren. Denn die große, weite Arbeitswelt dreht sich – so ernüchternd das auf der anderen Seite auch ist – in der Regel auch ohne dich weiter. Für dein Kind aber bist du (in diesen Jahren noch) das Zentrum seines Universums. ✳

77 Vermissen Sie etwas?

Warum sich ein regelmäßiger Blick in die Fundkiste lohnt (auch wenn du denkst, deine Antwort lautet „Nein")

Als Schülerin war ich sicher, dass die Toiletten der ekligste Ort der ganzen Schule sind. Heute, als Mutter eines Kita- und eines Schulkindes, weiß ich: Nichts ist so eklig wie die Kiste mit den Fundsachen. Das liegt daran, dass die liegen gebliebenen Teile hier in ihrem Ist-Zustand gelagert werden. Und damit meine ich nicht nur halb leer gegessene Brotdosen. Denn da stimmt zumindest noch das Behältnis. Sondern vor allem die wohlgehüteten Schätze kleiner Kinder in Kleidungsstücken: Wurden noch schnell zwei Stücke Gurke in die Bauchtasche des Hoodies geschleust, bevor der irgendwo in einer Ecke des Toberaums ausgezogen und liegen gelassen wird, dann landet besagter Hoodie eben gemüsegefüllt in der Fundkiste. Dasselbe gilt für die Kombinationen Hosentaschen und Brötchenreste oder Jackentaschen und Regenwürmer.

Das alles wäre widerlich genug – doch nun kommt noch die Komponente Zeit hinzu. Zeit, in der Brötchenreste schimmeln, Gurkenscheiben vermodern und Regenwürmer Eier legen. Denn um ehrlich zu sein: Wenn es nicht gerade die absolute Lieblingsbrotdose mit „Paw Patrol"-Print oder der überteuerte Marken-Hoodie aus dem süßen Hipster-Kinderkleidungsgeschäft ist, dann lassen wir Eltern uns mit dem Suchen und Wiederfinden verloren gegangener Gegenstände auch gern mal eine Weile Zeit.

Und um noch mal richtig, sogar schmerzhaft ehrlich zu sein: Um nach verloren gegangenen Dingen zu suchen, müssen wir sie erst einmal überhaupt vermissen. Ich gebe zu: Beim regelmäßigen obligatorischen „Jetzt schaut jeder noch mal in die Fundkiste, bevor es in die Schließzeit geht"-Tag habe ich bislang jedes Mal Besitztümer meiner Kinder wiederentdeckt, die längst in kollektive Familienvergessenheit geraten waren. Deren verblasste Namensschilder aber immer noch zu gut zu entziffern waren, um sie mit einem abfälligen „Wer lässt denn so was monatelang hier rumliegen, ts ts?!" zurück in die Kiste zu werfen. Also schnappe ich mir die verschimmelten und/oder von Regenwurmlarven besiedelten Brotdosen und Kleidungsstücke, stopfe sie peinlich berührt in meine Tasche und schwöre mir hoch und heilig, meinen Kindern künftig einen bewussteren Umgang mit ihrem Hab und Gut beizubringen, und gleichzeitig selbst nachhaltiger zu konsumieren und nicht alles zigfach anzuschaffen. Ich bin guter Dinge, dass ich das eines Tages schaffe. Irgendwann. Aber jetzt gehe ich erst einmal ein paar Brotdosen desinfizieren und die 60-Grad-Wäsche anstellen. ✳

78 Heute haben wir nix gemacht.

Warum wir Eltern uns in kommunikativer Geduld üben müssen

Die Gespräche mit meiner Tochter, nachdem ich sie aus der Kita abgeholt habe, finden nur in zwei Extremen statt. In beiden Fällen ist der Informationsgehalt gleich null.

Entweder, mir wird mit fuchtelnden Armen in Echtzeit ein halbstündiges Fantasierollenspielerlebnis nacherzählt, mit Eisbären und Vulkanen und einem Schatz und einem Einhorn und einem Rettungsteam auf Mission, bei dem ich weder Handlung noch handelnde Charaktere begreife. (Letzteres liegt vor allem daran, dass ich mir – siehe Punkt 96 – die Namen der ganzen Kita-Kinder noch nie merken konnte und deshalb nicht weiß, ob meine Tochter gerade von echten Menschen oder ausgedachten Figuren erzählt.) Oder aber – und das ist der deutlich häufigere Fall – der Dialog zwischen uns läuft nach folgendem Muster ab:

„Und, wie war es heute in der Kita?"
„Gut."
„Was habt ihr Schönes gemacht?"
„Nichts."
„Warst du im Bällebad?"
„Nein."
„Habt ihr gemalt?"
„Nein."
„Aber Mittag gegessen hast du?"
„Ja."
„Hat's geschmeckt?"

„Ja."

„Was gab es denn?"

„Weiß nicht."

Aaaaw, was für lebhafte Emotionen und bildhafte Eindrücke! Als wäre ich selbst dabei gewesen! (Das wird in der Schule übrigens nicht besser: Die Antworten meines Sohnes fallen noch kürzer („Mh") oder patziger („SAG ICH NICHT!") aus.)

Ich weiß, es gibt diese klugen Listen mit offenen Fragen, die man seinem Kind stellen soll, wenn man WIRKLICH wissen möchte, wie sein Tag war. Und dann stehen da Vorschläge drauf wie: „Was war das Schönste, das du heute erlebt hast?", „Worüber hast du dich geärgert?" oder „Was hat dich heute überrascht?". Klingt vielversprechend, oder? Ich habe das mal getestet an meinen beiden Kommunikationsexperten. Hier die Antworten auf alle drei der oben stehenden Fragen (und auch auf alle restlichen von diesen ach so tollen Listen):

Tochter: „Weiß nicht."

Sohn: „Wieso fragst du DAS?"

Die gute Nachricht ist: Irgendwann erzählen sie von ganz allein, was ihnen wichtig ist. Und mit „irgendwann" meine ich nicht in sechs Monaten oder nach dem nächsten „Schub", sondern irgendwann noch an diesem Tag. Und zwar dann, wenn ihnen danach ist. Bei uns passiert das oft beim Abendessen. Oder noch später, nach dem Vorlesen, eingekuschelt in die Bettdecke. Und eins ist sicher: Für die Gedankengänge, die man dann von seinem Nachwuchs erfährt, lohnt sich das Warten.

Vielleicht gewöhne ich mir das penetrante Nachfragen beim Abholen also einfach ab. In sechs Monaten. Oder nach meinem nächsten Schub. ✳

79 Danke, liebe Erzieherinnen und Erzieher!

Warum du den „Tag der Kinderbetreuung" kennen solltest

Ich bewundere jede Person, die hauptberuflich Kinder betreut. Ich schaffe es an den meisten Tagen nicht, nur zwei davon zeitgleich ins Bett zu bekommen. Und in der Krippe machen 20 und mehr Kinder gleichzeitig Mittagsschlaf! Wie geht das?

Und wo wir schon bei den magischen Fähigkeiten von Erzieherinnen und Erziehern sind: Wieso können die Kinder sich in Kita und Vorschule allein Regenhose mit Schnallen, Jacke mit Reißverschluss, Gummistiefel und Handschuhe anziehen – und zu Hause wissen sie nicht einmal mehr, wie man sich eine Unterhose hochzieht? Ja, schon klar, ich weiß, dass es ganz normal ist, wenn Kinder sich bei anderen Erziehungspersonen anders verhalten als bei den eigenen Eltern. Und ich bin mir auch des

Phänomens des „Herdentriebs" bewusst (ich kann zu Hause halt nicht mit einem Dutzend anderer animierender Kinder dienen, die sich zeitgleich die Schuhe anziehen, wenn wir los müssen in den Supermarkt). Aber mir geht's hier nicht um psychologische Erklärungen, sondern eigentlich nur darum, Folgendes loszuwerden: Meiner Meinung nach sind Erzieherinnen und Erzieher Superheldinnen und Superhelden, die allesamt an jedem einzelnen Tag einen Orden und (nicht nur) meinen unendlichen Dank verdient haben. Gedacht habe ich das schon vor Corona – doch seit den pandemiebedingten Kita-Schließungen möchte ich es an jede Wand dieser Welt sprühen. Das ist illegal, deshalb schreibe ich es in dieses Buch.

Und das hier gleich hinterher: Der Montag nach Muttertag ist jedes Jahr der „Tag der Kinderbetreuung". Wenn auch du den Erzieherinnen und Erziehern deines Kindes einmal extra doll Danke sagen möchtest, nutze doch den 9. Mai 2022 dafür. Und den 15. Mai 2023. Und den 13. Mai 2024. Und jeden einzelnen Tag davor, dazwischen und danach am besten auch. ✸

80 Das Leben ist die beste Schule.

Warum Enttäuschungen so wichtig sind

Wir lieben unsere Schätze. So sehr. Wir schützen sie vor größeren und oft auch vor den kleinsten Gefahren. Wir geben ihnen von Anfang an das Gefühl, dass sie sich auf uns verlassen können. Immer. Dass wir alles tun werden, um sie glücklich zu machen. Wirklich alles. Wir nehmen sie auf den Arm, sobald sie weinen. Antizipieren jeden Stolperstein. Sie lernen von der ersten Stunde, dass sie sich unserer Aufmerksamkeit und Fürsorge gewiss sein können.

So geht es weiter, denken die Kinder ... Wir hoffen das auch. Doch dann, vermutlich im Kindergarten, spätestens in der Schule, kommen sie – die ersten kleineren Enttäuschungen, die wir nicht abwenden können, die uns genauso treffen wie die Kinder. Vielleicht der Geburtstag, bei dem ALLE eingeladen sind, nur dein Kind nicht. Die erste Niederlage im Sport oder Spiel, weil andere dein Kind eben nicht gewinnen lassen. Tränen, die man trocknen kann. Aber Enttäuschungen bleiben es. Die jedoch wichtig sind, weil ein Kind lernen muss, in seinem Leben damit umzugehen.

Eine der schlimmsten Enttäuschungen für Kinder ist es wohl, wenn die Eltern sich trennen. Denn da gesellt sich zur Erkenntnis, dass Mama und Papa eben doch nicht alles tun, um ihre Kinder glücklich zu machen, auch das Gefühl der Machtlosigkeit, denn die Kinder werden vor vollendete Tatsachen gestellt – da helfen selbst die sonst so erfolgreichen

Tränen nicht. Die Entscheidung steht. Eine Situation, die wohl niemand so geplant hat. Die aber sehr oft Realität wird. Leider.

Gastautor

Jan Wickmann
ist dreifacher Vater und
Geschäftsführer von Junior
Medien, die unter
anderem die Zeitschriften
„Leben&erziehen" und
„Schule" heraus-
bringen.

Vor wenigen Tagen im Urlaub: Wir fahren mit einer größeren Gruppe Kindern und Erwachsenen zum Wasserskilaufen. Für fast alle eine
Premiere. Und ALLE schaffen das. Selbst das sehr kleine Mädchen – nur
mein zwölfjähriger Sohn nicht. Tränen der Enttäuschung. Ich überre-
de ihn am nächsten Tag zu einem weiteren Versuch – nur er und ich.
Und … erneut ein Reinfall.

Der Mut, die Dinge zu tun, bei denen man bewusst das Risiko zum
Scheitern eingeht, verdient mehr Respekt als der Erfolg – versuche ich zu
erklären … Ob es ankommt? Ich weiß es nicht. Aber mein Sohn schmeißt
die Flinte tatsächlich nicht ins Korn, und am dritten Tag schafft er es! Ist
unglaublich stolz. Ich auch, aber nicht, weil der Start auf Wasserskiern
geglückt ist, sondern, weil er weitergemacht hat. Weil er die Misserfolge
irgendwie weggesteckt und verarbeitet hat.

Gönnt den Kindern ihre Enttäuschungen! Bewahrt sie nicht davor,
denn sie gehören zu unserem Leben. Sind wichtigere Lektionen als die,
die in der Schule erteilt werden.

Wenn Kinder an unserer Seite lernen dürfen, mit
kleinen und mittleren Rückschlägen umzugehen, haben
sie eine gute Chance, auch größere wegzustecken.
Und daraus gestärkt und selbstbewusster hervorzugehen –
und so ein glückliches Leben zu führen. ✸

10 DINGE ÜBER DAS FAMILIENLEBEN, DIE IN KEINEM ELTERNRATGEBER STEHEN.

81 Willkommen in deiner Familie.

Warum am Tag der Geburt viel mehr als ein neues Leben entsteht

Die Familie ist die kleinste Einheit in unserer Gesellschaft. Und gleichzeitig die emotionalste. Es ist kein Zufall, dass in Katastrophenfilmen immer wieder an eine einzelne Eltern-Kind-Beziehung herangezoomt wird: Da rast ein Meteorit auf den Planeten zu, der die gesamte Menschheit auf einen Schlag auslöschen wird – so weit, so beklemmend. Aber wirklich sentimental werden wir Zuschauer und Zuschauerinnen erst beim Anblick des kleinen Jungen, der mit traurigen Augen in die Kamera blickt und zaghaft „Papa" flüstert, als dieser sich aufmacht, die Welt zu retten. (Was er natürlich schafft, keine Sorge.)

Ganz egal, ob du mit deinem Baby allein bist, ob ihr als Paar ein Kind bekommen habt oder ob ihr durch Patchwork noch viele mehr seid: Sobald ein Baby zur Welt kommt, wird nicht „nur" ein Kind geboren. Es wird eine neue Familie gegründet. IHR seid jetzt diese neue Familie. Und damit eine von diesen kleinstmöglichen Einheiten, in denen so viele Emotionen toben wie in keiner anderen zwischenmenschlichen Beziehung. Gleichzeitig – und auch das zeigen uns die großen Inszenierungen auf der Kinoleinwand immer wieder – seid ihr die stärkste Einheit, die man sich vorstellen kann. Die zusammenhält und füreinander da ist, einander kleine und große Sorgen nimmt, Schutz und Unterstützung und Liebe und Vertrauen schenkt.

Und auch, wenn Fiktion und Realität natürlich nicht in allem übereinstimmen (zumindest musste mein Mann uns noch nie vor einem alles vernichtenden Meteoriten retten), steht eines auch für mich fest: Familie ist das Beste, das einem im Leben passieren kann. Herzlichen Glückwunsch zu deiner! ✹

82 Was meinst du denn dazu?

Warum es plötzlich so viel mehr zu besprechen gibt (und warum das ziemlich gut ist)

Welcher Wohnort? Welcher Urlaub? Welcher Kinofilm? In einer Partnerschaft gibt es unzählige Entscheidungen, die gemeinsam gefällt werden müssen. Als langjähriges Paar ist man irgendwann darin geübt, zumindest in den meisten Fällen zu einem zufriedenstellenden Ergebnis zu kommen – auch wenn man nicht immer einer Meinung ist. Doch sobald ein Kind im Spiel ist, sinkt die Bereitschaft zum innerpartnerschaftlichen „Na gut, dann machen wir es halt so, wie du willst" auf ein völlig neues Rekordtief. Denn plötzlich betrifft das, was besprochen wird, nicht mehr nur einen selbst, sondern auch das großartige kleine Wesen, das nun zur Familie gehört. Und nur, weil wir bereit sind, Kompromisse einzugehen, wenn es um uns selbst geht, heißt das noch lange nicht, dass wir das auch sind, wenn eine Entscheidung unser Kind betrifft. Denn soll das nun wirklich lieblosen Fertigbrei aus dem Gläschen bekommen? Selbstgekochter ist doch bestimmt viel gesünder! Und wieso willst du es gegen Meningokokken B impfen lassen, was sagt denn die STIKO dazu? Findest du nicht, dass es alt genug ist, um mal bei Oma zu übernachten? Und wollen wir es echt schon jetzt in die Kita geben, ist das nicht ein bisschen früh?

Ja, das ist oft anstrengend. Und unerwartet nervig – wenn dein Partner oder deine Partnerin Dinge zur Diskussion stellt, die für dich nie zur Debatte standen (und das geht schon beim Wunschnamen für den Nachwuchs los, wie du in Punkt 6 nachlesen kannst).

Aber es ist auch großartig. Denn all das Diskutieren und Absprechen, all das Nachfragen und Abstimmen bedeutet auch, dass du Entscheidungen, die dich zu überwältigen drohen, nicht allein fällen musst. Und ganz egal, ob es dabei um die Auswahl von Kita, Schule oder Babysitter geht, um medizinische Entscheidungen oder einfach nur um die Frage, wie man mit dem doofen Nachbarskind umgeht, das immer mit Steinen schmeißt: Es tut unerklärlich gut, sich in solchen Momenten mit jemandem austauschen zu können, der die gleichen unbeschreiblichen Emotionen für euer Kind empfindet, wie du es tust. Und der all das Debattieren und Argumentieren, vielleicht sogar das Streiten und Schimpfen auf sich nimmt, weil auch er sich nur das Allerbeste für euer gemeinsames Kind wünscht. Und das ist eine Erkenntnis, die jede anstrengende Diskussion wert ist – versprochen. ✹

83 Das wusste ich ja noch gar nicht!

Warum ihr plötzlich jede Menge neuer Dinge voneinander erfahren werdet

Die vielen neuen Entscheidungen, die ihr gemeinsam fällen müsst, bedeuten auch, dass ihr über viele Dinge reden werdet, die vorher nie Gesprächsthema in eurer Beziehung waren. Und so findet man selbst nach drei, fünf oder zehn gemeinsamen Jahren plötzlich Sachen über den Partner oder die Partnerin heraus, die man nie erahnt hätte. Beispiel gefällig? Bei der Namenssuche für Baby Nummer zwei (und nach mehr als sieben gemeinsamen Jahren) überraschte mein Mann mich mit der unverblümten Information, dass er Mädchennamen, die auf den Buchstaben E enden, grundsätzlich als „unschön" und „wenig weiblich" empfindet. Nun, ich gebe zu: Als Frau mit dem Vornamen Silke und dem Zweitnamen Corinne hat mich das wenig begeistert.

Immerhin können wir dank dieses Vorkommnisses dem wichtigen Thema „Kompromisse eingehen" heute ein anschauliches Beispiel liefern: Unserer Tochter haben wir zwei Vornamen gegeben – einer endet auf A, einer auf E. ✳

84 Das hat meine Mama früher genauso gemacht.

Warum es sich so wunderbar anfühlt, eigene Kindheitsrituale weiterzugeben

Mein liebstes Abendessen als Kind war der „Bunte Teller": ein Schnittchenteller, auf dem die fertig geschmierten Brote in handliche Hälften geschnitten hübsch drapiert waren. Schwarzbrot mit Leberwurst, Gouda, Frischkäse. Auf dem Frischkäse lag immer ein bisschen Kresse. Und wenn man Glück hatte, war auch eine Scheibe mit Nutella dabei. Die durfte man erst ganz am Schluss essen (und dafür musste man schnell sein, damit die große Schwester nicht beide Nutella-Hälften wegfutterte, während man selbst noch auf dem Gouda herumkaute). Zwischen den Brothälften lagen rote Tomatenstückchen, gelbe Bananenscheiben und grüne Paprikastreifen. Auf einen Bunten Teller gehören nämlich alle Farben der Ampel, hat meine Mutter mir mal erklärt.

Ich mochte den Bunten Teller nicht nur deshalb so gern, weil mir die Sachen darauf wirklich geschmeckt haben. Sondern auch, weil er immer bedeutete, dass wir etwas Schönes machen durften, während wir ihn leer aßen. Ein Brettspiel spielen zum Beispiel. Oder fernsehen. In ein fertig geschmiertes Käsebrot beißen und dabei die „Sesamstraße" (oder später „Wetten, dass …?") gucken – diese Erinnerung löst noch heute ein warmes, sicheres, glückliches Gefühl in mir aus.

Die Bunten Teller, die ich für meine Kinder gestalte, haben keine Ampelfarben. Sie sind eher schlumpfig, weil mein Sohn sich Blaubeeren darauf wünscht. Aber das ändert nichts an der folgenden, wunderbaren Sache: Wenn ich heute als Mutter sehe, wie sehr meine Kinder sich über die fertig dekorierten Schnittchen freuen, und wenn ich in ihre erwartungsvollen Augen blicke, hinter denen sich gerade die Frage formiert, ob wir gleich alle zusammen vor dem Fernseher zu Abend essen werden – dann fühlt sich das genauso rundum perfekt an wie damals, kurz bevor ich selbst mit meinen Eltern auf der Couch saß.

Ja, die Reaktion meiner Kinder auf einen Teller mit belegten Broten kann bei mir pure und tiefe Glücksgefühle auslösen. Und sollten meine Kinder sich dazu entscheiden, irgendwann selbst eine Familie zu gründen, hoffe ich sehr, dass es ihnen eines Tages ähnlich gehen wird. (Reminder an mich: nächste Woche unbedingt mal wieder einen Bunten Teller servieren!) ✳

85 Das hat meine Mutter nie gemacht.

Warum man sich von manchen Ritualen aber auch getrost verabschieden kann

Bei uns hat der Weihnachtsmann den Christbaum gebracht. Am Heilig-abend zur Bescherung stand er plötzlich da, fertig geschmückt – und niemand von uns hatte ihn zuvor zu Gesicht bekommen. (Na ja, außer natürlich mein Vater, der ihn gekauft, versteckt und aufgebaut hatte, und meine Mutter, die ihn heimlich geschmückt hatte. Aber das wussten wir Kinder ja nicht.)

Als mein Mann und ich das erste gemeinsame Weihnachten mit Kind in unserer eigenen Wohnung planten, dann der Schock: Sein Weih-nachtsmann hatte nie den Baum gebracht! (Das ist übrigens noch so eine Sache, über die man in einer Beziehung nicht redet, bis man Kin-der in die Welt setzt.) Bei ihm hatte der Baum schon Tage vor dem Fest in der Wohnung gestanden und war liebevoll von seiner Mutter ge-schmückt worden. Manchmal hatte mein Mann sogar dabei geholfen und mitentschieden, welche Kugel wo hängen sollte.

Natürlich war ich der felsenfesten Überzeugung, dass nur meine Art der Christbaumbeschmückung und -offenbarung die einzig wahre und traditionell korrekte sein konnte. Der Baum ist doch Teil der Bescherung! Der darf nicht Tage vorher schon zu sehen sein! Und wie er aussieht, sollten auf keinen Fall die Kinder entscheiden – dann ist ja der ganze Zauber weg! Also boxte ich die „Der sagenumwobene Weihnachtsmann überrascht uns alle mit einem perfekten Baum"-Nummer durch und freute mich auf dieselbe wohlig-warme Erinnerungsemotion, die die bunten Schnittchenteller aus Punkt 84 mit sich bringen. Doch die blieb aus. Im Gegenteil: Statt mich darüber zu freuen, mein Kindheitsritual weiterzugeben, quälte mich das schlechte Gewissen, meinen Mann um seines beraubt zu haben.

Im nächsten Jahr erklärte ich unserem Sohn, dass Papa und er dem Weihnachtsmann ja helfen und schon einmal einen Baum besorgen könnten. Dann müsste der ihn nur noch schmücken. Unser Sohn war begeistert, einen so wichtigen Teil zum Weihnachtsfest beitragen zu können. Und ich spürte, dass wir auf dem richtigen Weg waren. Im darauffolgenden Jahr fragte unser Sohn bereits im Oktober, ob er dieses Jahr wieder den Baum aussuchen dürfe. Und ein weiteres Jahr später tapste zum ersten Mal auch unsere Tochter mit zum Weihnachts-baumhändler, zeigte wissend auf den ihrer Meinung nach besten Baum und argumentierte lautstark mit für ihr Wunschexemplar. Als dann an Heiligabend ihr Baum in voller Christbaumschmuck-pracht vor ihnen stand, strahlten die Kinder vor Stolz mit den Lichterketten um die Wette. Wie glücklich musste der Weihnachtsmann sein, dass sie ihm ein Teil der Arbeit ab-genommen und so einen perfekten Baum organisiert hatten? Glücklicher war nur ich. Da ich in diesem Mo-ment realisierte, dass wir längst unser eigenes Familien-ritual erschaffen hatten. Und wer weiß: Vielleicht geben unsere Kinder es ja irgendwann an die nächste Generation weiter. ✳

86 Jeder schlafe, wo er kann.

Warum du „deine" Hälfte vom Bett vergessen kannst

Manchmal entspannt mich der Gedanke, dass der permanente Schlafmangel auch etwas Gutes hat. Denn ohne ihn wäre es gar nicht möglich, in diesen absurden Liegepositionen auf den wenigen Zentimetern Matratze einzuschlafen, die für uns Eltern übrig bleiben, wenn das Kind erst einmal die sichernden Gitterstäbe des Beistellbettchens verlassen hat und – statt im eigenen Zimmer durchzuschlummern – Nacht für Nacht „das große Bett" erobert. Ich weiß, es klingt mathematisch unmöglich, dass ein etwa ein Meter großes Lebewesen ein zwei mal zwei Meter breites Bett so ausfüllt, dass für keine andere Person mehr Platz darin ist. Und dennoch: Unsere Tochter kann das. Konnte sie schon immer, auch als sie noch deutlich kleiner war.

Ich habe mittlerweile resigniert. Wenn unsere Kinder in unserem Bett schlafen wollen – sollen sie doch. Genau wie die beiden bin ich zur Meisterin des nächtlichen Schlafplatzwechsels geworden: Kaum sind ihre Äuglein wieder geschlossen, verlasse ich den 20 Zentimeter breiten Matratzenstreifen, der mir bleibt – und ziehe um auf die Couch. Hier habe ich Platz. Und Ruhe. Und keine in den Bauch tretenden Füßchen und an den Haaren ziehenden Händchen um mich herum. Herrlich!

Mein Mann hingegen bleibt Nacht für Nacht stur inmitten des Gestrampels liegen. Selbst schuld. Und wenn er morgens beim Frühstück unsere Tochter begrüßt mit den Worten: „Na, haben wir schön gekuschelt heute Nacht?" und sie ihre Arme um seinen Hals schlingt und „Jaaaa, das war schön, Papi!" säuselt, dann bin ich auch nur ein ganz klein bisschen neidisch. Okay, ein ganz klein bisschen sehr. War irgendwie ganz schön einsam auf der doofen Couch.

Ach verdammt, ich glaube, wir brauchen ein größeres Bett. ✳

87 Das mag ich nicht.

Warum eh nie gegessen wird, was auf den Tisch kommt

Meine Kinder lieben das Essen, das ich koche. Also, solange es Nudeln ohne alles ist. Oder Hotdogs ohne Würstchen (was im Grunde nur Weizenbrötchen mit Ketchup sind und ja, ich merke gerade selbst, dass das mit „kochen" nicht mehr viel zu tun hat). Das war's dann auch schon an komplikationsfreien kulinarischen Optionen für die allabendliche Auswahl: Pizza mag nur die Tochter, Pommes isst nur der Sohn. Fischstäbchen hassen sie beide, Pfannkuchen „schmecken nur in der Kita, Mama, deine sind komisch". Dabei gebe ich mir wirklich Mühe – nicht nur bei den Pfannkuchen: Ich forme Figuren aus Reis („Was soll das sein, Mama?"), und ich frittiere mundgerechte Mini-Schnitzel („Ich mag die Knusperschale nicht!"), ich kaufe Kartoffelpuffer in Tierform („Können wir lieber einen Bunten Teller haben?"), und ich schneide Ofenkartoffeln in Herzform zurecht („Iiih, das sieht aus wie ein Po!"). Es nützt alles nichts.

Also finde ich mich mit dem Gedanken ab, dass „gemeinsame Mahlzeit" in unserer Familie zwar bedeutet, dass wir gemeinsam am Tisch sitzen – aber nicht zwingend, dass wir dabei die gleiche Mahlzeit verzehren. Denn meinem Mann und mir steht ausgesprochen selten der Sinn nach Weizenbrötchen mit Ketchup oder nackten Nudeln. (Was, aus Sicht unserer Kinder, *uns* zu den komplizierten Personen in dieser Angelegenheit macht.) Immerhin: Wenn mein Mann das Vanilleeis aus dem Tiefkühlfach holt, sind wir uns alle wieder einig. Und dann wird tatsächlich gegessen, was auf den Tisch kommt. Faszinierend. ✹

88 In guten wie in pandemischen Zeiten.

Warum du schon jetzt eine Heldin bist

Ich weiß nicht, in welcher Phase des Elternlebens du dich befindest. Vielleicht bist du gerade schwanger (herzlichen Glückwunsch!). Vielleicht freust du dich darauf, es zu werden. Vielleicht ist dein Kind oder sind deine Kinder bereits auf der Welt, oder vielleicht bist du auch schon viel länger Mama als ich und erinnerst dich beim Lesen meiner Zeilen mit einem Lächeln im Gesicht daran zurück, wie das alles bei euch war.

Mit an Sicherheit grenzender Wahrscheinlichkeit aber hast du als Leserin dieses Buches irgendeine Phase deines Mama-Daseins oder -Werdens während der weltweiten Corona-Pandemie erlebt. Und für den Fall, dass man es dir noch nicht (oft genug) gesagt hat, möchte ich es an dieser Stelle unbedingt betonen: Deine Leistung ist großartig. *Du* bist großartig! Ob Schwangerschaft in ständiger Ansteckungsangst, Geburt unter Abstandsregelungen, Elternzeit in Isolation oder Klein- und Eigentlich-Schulkindalltag im Lockdown: Die Corona-Maßnahmen haben Lebensphasen, die ohnehin schon Ausnahmesituationen sind, noch extremer gestaltet. Sie haben Sorgen verstärkt und Nerven dünner gemacht. Und das, was wir Mütter unter diesen Bedingungen bereits geleistet und getan haben, ist keinesfalls ganz normal oder gar einfach, sondern verdient absoluten Respekt. Ich schreibe diese Zeilen im Sommer 2021, und die Fallzahlen steigen gerade wieder. Vielleicht – auch wenn ich es natürlich nicht hoffe – sind die Maßnahmen wieder verschärft worden, wenn du dieses Buch in den Händen hältst. Vielleicht befinden wir uns sogar in einem neuen Lockdown. Vielleicht fragst du dich gerade, wie du das alles noch einmal schaffen sollst. Falls das so ist, fühl dich unbekannterweise fest von mir umarmt. Und lies weiter bei Punkt 99. ✸

89 So wie ihr das macht, könnte ich das nicht.

Warum euer Familienleben nur eurer Familie gefallen muss

Mein Mann bringt morgens die Kinder in die Kita beziehungsweise zur Schule. Ich hole sie nachmittags ab. Er liest abends unserem Sohn „Harry Potter" vor, ich unserer Tochter Bilderbücher. Ich stehe morgens als Erste auf, er geht als Letzter ins Bett. Ich gehe mit den Kindern zum Arzt, er nimmt sie mit zum Friseur.

Ich könnte noch lange so weiterschreiben, aber ich will dich nicht langweilen. Worauf ich hinaus möchte, ist Folgendes: Ich bin jetzt seit siebeneinhalb Jahren Mutter, und in dieser Zeit habe ich noch keine andere Familie kennengelernt, die die täglichen To-dos exakt so aufteilt wie wir. Dafür aber jede Menge Eltern, die finden (und mir sagen), dass unsere Art, den Alltag zu gestalten, nicht die richtige sei. Weil mein Mann zu wenig macht oder weil ich im Gegenteil zu viele Dinge an ihn „abgebe". Weil wir beide jeweils zu viel arbeiten oder aber insgesamt nicht genug. Weil wir zu wenig Zeit zu zweit haben, die Kinder aber gleichzeitig zu oft weggeben. Wie auch immer die Kritik an unserer Art, „es zu machen", ist, der immer wieder gern verwendete Satz dazu lautet: „Das könnte ich nicht."

Dabei liegt es doch auf der Hand: Kein Mensch auf der Welt ist verpflichtet, sein Familienleben so zu gestalten, wie andere es tun. Und noch wichtiger: Kein Mensch auf der Welt muss es gut finden, wie andere es tun.

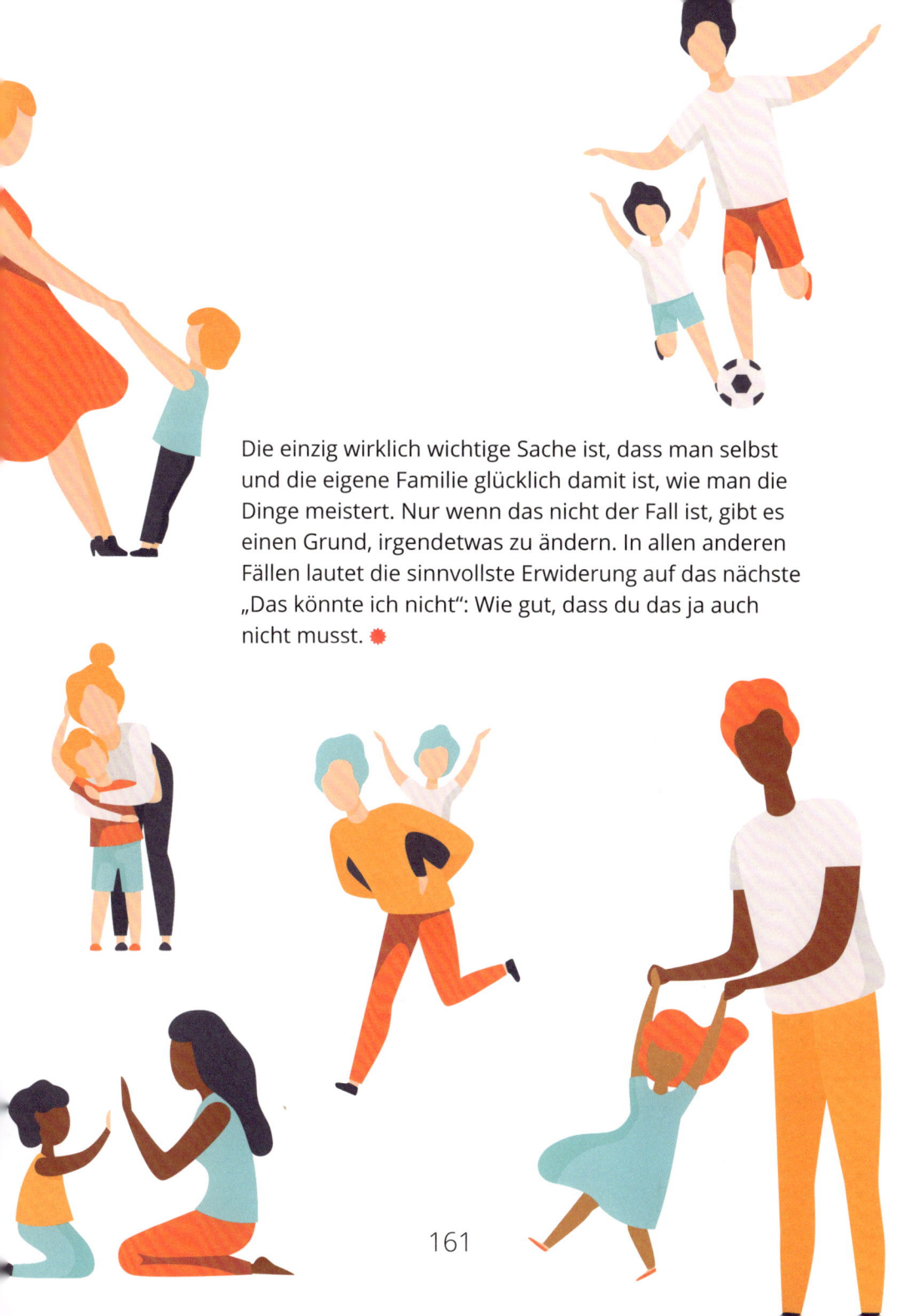

Die einzig wirklich wichtige Sache ist, dass man selbst und die eigene Familie glücklich damit ist, wie man die Dinge meistert. Nur wenn das nicht der Fall ist, gibt es einen Grund, irgendetwas zu ändern. In allen anderen Fällen lautet die sinnvollste Erwiderung auf das nächste „Das könnte ich nicht": Wie gut, dass du das ja auch nicht musst. ✳

90 Family first. Wirklich?

Warum du auch mal egoistisch sein musst

Wir sind als Eltern verdammt schlecht darin, auch mal an uns selbst zu denken und ein bisschen egoistisch zu sein. Family first ist die Maxime. Doch genau das ist ein Trugschluss. Sich bedingungslos für das Kind aufzuopfern führt nicht zwangsläufig zu mehr Familienglück. Eher im Gegenteil: Denn ja, Kinder geben uns viel zurück, kosten aber eben auch enorm viel Kraft. Und je mehr wir auf dem Zahnfleisch gehen, desto kürzer ist unsere Zündschnur. Deshalb müssen wir an uns selbst denken, um entspannte und zugewandte Eltern sein zu können, und genau deshalb brauchen wir alle – ja, auch die Mütter – Freiräume und Auszeiten, um unsere Energiereserven aufzufüllen. Natürlich gilt diese Erkenntnis auch für die Beziehung: Wenn wir genug Zeit für uns haben, fällt es uns auf der anderen Seite auch leichter, uns aufeinander einzulassen.

Wie der „selbstfürsorgliche Egoismus" genau aussieht, muss jeder und jede für sich selbst entscheiden. Nur so viel: In der ersten Zeit mit Baby fühlt sich vielleicht eine durchgeschlafene Nacht oder Ruhe für eine Dusche und einen nicht kalt gewordenen Kaffee schon wie ein Luxusurlaub an. Je älter die Kinder werden, desto mehr Freiheit hat man bei der Gestaltung der Freiräume.

Ich habe zum Beispiel beschlossen, bei der Freizeitgestaltung nicht nur an die Interessen meines Sohnes zu denken, sondern auch konsequent meine Nerven zu schonen. Das ist für mich ein großer Akt der Selbstfürsorge und bringt mehr als jede Auszeit von der Familie. Ich persönlich hasse Basteln. Ich mache darum einen Bogen, den Job übernehmen die Erzieherinnen im Kindergarten viel besser und gewissenhaf-

Gastautor

Birk Grüling
ist Papa, freier Wissen-
schaftsjournalist und Autor.
Sein Buch „Eltern als Team"
beschäftigt sich mit
Vereinbarkeit und gleich-
berechtigter Eltern-
schaft.

ter als ich. Die Bastel-Verweigerung erspart uns verklebte Finger, vollge-
tuschte Hosen und wildes Fluchen (meinerseits).

Stattdessen setze ich lieber auf gemeinsame Interessen. Als Kind war
ich selbst ein wandelndes Dinosaurier-Lexikon. Im Laufe der Jahre ver-
drängten andere Interessen und fünf „Jurassic Park"-Filme die genauen
Details. Doch die grundlegende Begeisterung für die Urzeitechsen blieb.
Inzwischen ist mein Sohn voll und ganz im Dino-Fieber. Und auch ich
habe meine Freude daran wiederentdeckt. Doch das ist nicht unsere
einzige gemeinsame Leidenschaft. Er mag Museen genauso wie ich, wir
gehen auch gern in den Tierpark. Wir können stundenlang mit Lego-
Steinen spielen, morgens zu schlechter Musik durch das Wohnzimmer
tanzen oder die Nachmittage auf Spielplätzen verbringen.

An all diesen Dingen habe ich Spaß. Zumindest meistens. Nach einem
Tag vor dem Rechner helfen sie mir sogar beim Abschalten. Und wer
weiß, vielleicht bin ich mit meiner Verweigerung für gewisse Freizeit-
aktivitäten sogar ein gutes Vorbild, indem ich meinem Sohn zeige, dass
gesunder Egoismus gut sein kann. ✳

10 DINGE ÜBER DICH, DIE IN KEINEM ELTERNRATGEBER STEHEN.

91 So fühlt sich das also an.

Warum du deine Emotionen in einer völlig neuen Intensität erleben wirst

Wenn man ein Kind bekommt, ist man in der Regel selbst bereits erwachsen und bringt zwei, drei oder vier Jahrzehnte Lebenserfahrung mit. In dieser Zeit hat man Liebe und Hass, Trauer und Angst, Freude und Wut, Enttäuschung, Verachtung und vieles mehr empfunden. Und wie man das empfunden hat! Während meines ersten echten Liebeskummers lebte ich unter einer Dunstglocke aus Selbstmitleid und in der felsenfesten Überzeugung, dass mein Leben ohne Meno (der hoffentlich über die Erwähnung in diesem Buch heute genauso schmunzeln kann wie ich) an meiner Seite nie wieder einen Sinn haben würde. Ich war nie wütender als auf die furchtbare Agenturkollegin (deren Namen ich nicht nenne, weil sie auf keinen Fall darüber schmunzeln könnte), die ich gleich zweimal hintereinander beim dreisten Lügen erwischte. Und nie war ich glücklicher als in dem Moment, als mein heutiger Mann und ich einander versprachen, den Rest unseres Lebens miteinander zu verbringen.

Na ja – bis wir Eltern wurden. Und beide feststellten, dass die Gefühle, die wir bislang gefühlt hatten, nur billige Kopien unserer echten Emotionen waren. Kleine Kostproben auf das, was sich nun in seiner vollen Pracht auf unsere Synapsen legen würde.

Sicher bleibt die Hochzeit für immer ein unvergesslicher Tag meines Lebens. Aber das unendliche Glück, das wir beide verspürten, als wir unseren Sohn das erste Mal sahen, diese unbeschreibliche Vollkommenheit des Augenblicks, seine Fingerchen das erste Mal anzufassen und über sein Köpfchen zu streicheln – das lässt selbst das Liebesglück einer

Eheschließung alt aussehen. Du denkst, du weißt, was bedingungslose Liebe bedeutet – bis du dein erstes Kind im Arm hältst. Und realisierst: Erst jetzt, mit diesem kleinen Wesen im Arm, spürst du die echte, die vollständige Emotion.

Dasselbe gilt für negative Gefühle: Ich bin entsetzt von mir selbst, wenn ich die völlig irrationale, mich hilflos zurücklassende Wut verspüre, die zum Beispiel dann in mir emporkriecht, wenn meine Tochter nach 90 Minuten nervenzehrender Einschlafbegleitung hellwach neben mir steht und verkündet, sie sei jetzt fertig mit schlafen – und ich erneut meine eigentlichen Abendpläne absagen muss. Oder wenn mein Sohn nach 14 Aufforderungen, sich die Zähne zu putzen, die Zahnbürste in die Dusche wirft und mir dabei noch ins Gesicht lacht. Wäre mein Leben ein Comic, ich würde in diesen Momenten zu etwas mutieren, vor dem der Hulk sich vor Angst in die Hose scheißen würde.

Kinder holen alles aus einem heraus: die allerschönsten und die allerschlimmsten Emotionen. Und manchmal erschrickt man sich vor den eigenen Gefühlen, die einen plötzlich mit einer ungeahnten, unkontrollierbaren Wucht erwischen. Aber ich verspreche dir dennoch: Wenn du einmal das unbeschreibliche Glück und die völlig neue, so noch nie dagewesene, unendlich tiefe Freude über dein eigenes Kind verspürt hast, willst du nie, nie wieder zurück zu den „alten" Emotionen. ✹

92 Ist das Kinderkacke an meinem Finger? Ach, egal.

Warum du diese eine Emotion kaum noch spüren wirst

Als Babysitterin in meinen Teenagerjahren war es meine größte Sorge, dass ich während meiner Einsätze eine volle Windel wechseln müsste. Noch in meiner Schwangerschaft ekelte ich mich nur bei dem Angebot einer Freundin, mich um den „Stinker" ihres Kindes zu kümmern, damit ich schon mal „üben" könne. Und ohne zu übertreiben: Beim Ausmisten der Kaninchenställe in meiner alten Studenten-WG habe ich mich zweimal übergeben, als unsere flauschigen Mitbewohner an Magen-Darm erkrankt waren. Mein Ekel-Empfinden war also normal bis, sagen wir mal, leicht übertrieben ausgeprägt. Bis mein Sohn auf die Welt kam.

Schon der erste Stuhlgang löste helle Begeisterung in mir aus: „Hurra, das Kindspech ist da!" Künftig wurde jeder weitere Windelinhalt nicht nur wie selbstverständlich hin-, sondern regelrecht auseinandergenommen: Ist es heute ein bisschen fester als gestern? Die Farbe wird immer dunkler, oder? Riecht das nicht besonders säuerlich? Besser noch mal näher rangehen mit der Nase. Hoppla, zu nah, hihi, kann ja mal passieren. Ich erinnere mich genau, wie ich einmal nach dem nächtlichen Wickeln feststellte, dass noch bräunliche Substanz an meinem Finger klebte, als ich wieder im Bett lag. Und was soll ich sagen: Müdigkeit besiegt Ekel – ich blieb einfach liegen.

Ja, Kinderkacke gehört zum Elterndasein dazu. Genau wie Kinderpopel, Kinderschnodder und Kindererbrochenes. Und ist es nicht zu gleichen Teilen faszinierend und fantastisch von der Natur eingerichtet, dass wir Eltern (oder zumindest wir Mütter) uns vor all diesen Körperaus-scheidungen nicht *mehr* ekeln als vor unseren eigenen (manchmal sogar noch weniger)?

(Dabei darf man allerdings nie vergessen: Das funktioniert nur mit den Exkrementen der eigenen Kinder. Erwarte lieber nicht von anderen Müttern, nein, auch nicht von werdenden (siehe oben) und schon gar nicht von kinderlosen Freundinnen (!), dass sie leidenschaftlich gern den Windelinhalt deines Babys entsorgen, betrachten oder auch nur diskutieren.) ✳

169

93 Heulst du schon wieder?

Warum du dich immer noch nicht fürs Weinen rechtfertigen musst

Du erinnerst dich an die unkontrollierbaren Tränenausbrüche, über die ich in Punkt 5 geschrieben habe? Und in Punkt 51? Nun, was soll ich sagen: Sicher, ohne Schwangerschaftshormone werden sie weniger. Und fallen nicht mehr so hysterisch aus. Aber: Als Mutter bleiben sie dir erhalten, also gewöhn dich einfach an sie. Neulich schossen mir die Tränen in die Augen, als ich auf einem Auto den Klebefolienaufdruck „Niere gesucht für meine Tochter" las. Allerdings war das Wort „gesucht" durchgestrichen und durch das Wort „gefunden" ersetzt. Daneben stand der Satz „Danke, Willie, für dein selbstloses Geschenk des Lebens". (Mir schießen sogar die Tränen in die Augen, während ich das schreibe, was ist los mit mir?) Und letzte Woche wurde ich sentimental beim Kinotrailer des neuen „Space Jam"-Films (ja, das sind die Basketball spielenden Zeichentrickfiguren). Ich meine: In dem Film wird ein Kind entführt! Welcher Mutter würde sich da nicht das Herz zusammenziehen?

    Das Mama-Sein verändert die eigene Wahrnehmung. Punkt. Die neue Rolle macht uns unglaublich stark – aber eben auch ungewohnt weich. Und das ist nichts, wofür du dich entschuldigen müsstest, ganz egal übrigens, wie alt dein Nachwuchs ist. Denn – und an dieser Stelle möchte ich meine eigene großartige Mama zitieren: Man hört schließlich nie auf, Mutter zu sein. ✳

94 Und wenn das nicht so klappt wie geplant?

Warum Mütter die ultimativen Projektmanagerinnen sind

Mein ehemaliger Chef hat immer gesagt, dass er am liebsten Mütter einstellt. „Niemand ist so gut organisiert wie eine Mutter", lautete sein Argument. Recht hat er. Schließlich haben wir nicht nur für jeden neuen Tag einen ultimativen Plan A, der Kind(er), Partnerschaft, Freunde und Freundinnen, Job und andere Verpflichtungen miteinander vereint. Nein, wir halten auch einen fast genauso genialen Plan B in der Hinterhand bereit. Für den Fall, dass die Tochter wegen ihrer Schnupfnase früher aus der Kita abgeholt werden muss, steht die Babysitterin bereit. Und sollte der Geschäftstermin länger dauern, geht der Sohn erst mal mit zu seinem Freund zum Fußballtraining. Und falls es doch zeitaufwendiger ist als gedacht, 101 lesenswerte Anekdoten für dein erstes eigenes Buch zu Papier zu bringen, kümmern Oma und Opa sich liebend gern um die Enkelkinder, damit du in Ruhe schreiben kannst.

Ja, als Mutter wirst du zur Großmeisterin der Work-Life-Family-Organisation, zur Koryphäe im Entdecken alternativer Kinderbetreuungsangebote, zum ultimativen Guru der alltäglichen Lebensplanung. Nur, um mit erschreckender Regelmäßigkeit festzustellen, dass sich mit Kind(ern) nichts wirklich planen lässt. Weil die Babysitterin sich kurzfristig krankmeldet. Oder weil der Sohn unter keinen Umständen mit zum Fußball will. Oder weil eine weltweite Pandemie dafür sorgt, dass Großeltern über Monate nicht für die Kinderbetreuung infrage kommen und du mit dem Manuskript für dein Buch beginnen musst, während die beiden Mini-Versionen von dir lautstark um dich herumhüpfen.

Die gute Nachricht ist: Man wird gelassener mit der Zeit. Weil man lernt: Am Ende klappt doch immer alles. Irgendwie. (Na ja, zumindest in 99 von 100 Fällen.) Wenn nicht mit Plan A und B, dann mit Plan C. Oder D. Sicher, das fühlt sich nicht immer gut an. Aber es ist gut. Mehr noch: Es ist großartig, wie wir selbst die chaotischsten, katastrophalsten Tage rocken. Nur um abends erschöpft (aber glücklich) festzustellen: Krass, ich habe wieder alles irgendwie hinbekommen heute. Und das war kein Zufall, kein Glück und kein Wunder – sondern einfach Supermama-Organisationstalent. Ganz im Ernst: Würde ich ein Unternehmen führen, ich würde auch nur solche wie uns einstellen. ✳

95 Hallo, Mama Tom!

Warum dich bald niemand mehr mit deinem Vornamen ansprechen wird

Julia, Gabriela, Nicole oder Martin: Du hast einen Vornamen, und ich bin sicher, dass er wunderschön ist. Als deine Eltern ihn für dich ausgesucht haben, gaben sie sich genauso viel Mühe, wie du es bei der Namenswahl für dein Kind getan hast. Doch das spielt ab jetzt keine Rolle mehr: In den Kita-Garderoben, Babyschwimmkursen und Krabbelgruppen dieser Welt bist du ab jetzt „Mama von" oder „Papa von". Besonders vertraute Eltern lassen untereinander auch gern das adelnde „von" weg. So wird aus „Mama von Tom" schnell „Mama Tom". Was, wenn man es nur oft und schnell genug hintereinander ausspricht, schon wieder wie ein eigener Vorname klingt. Jedenfalls höre ich auf „Mamatom" und „Mamamina" mittlerweile genauso gut wie auf Silke. Ein Grund mehr, sich bei der Namenswahl des eigenen Kindes besondere Mühe zu geben. ✳

96 Wer zur Hölle bist du?

Warum dein Leben plötzlich voller neuer Menschen ist

Natürlich gibt es einen guten Grund für die leicht debile Ver-Mama-isie-rung erwachsener Vornamen: Kein Mensch kann sich so viele Namen merken! Die Kita-Gruppe der Tochter besteht aus 27 Kindern. In der Schulklasse des Sohnes sind es noch einmal 23. Dazu kommen Väter, Mütter, Omas, Opas, Babysitter und wem man sonst noch so beim Bringen und Abholen begegnet. Und ich bin ehrlich: Ich bewundere jede und jeden, die oder der erst bei den Namen der Eltern in den Lernstreik geht. Mein Gedächtnis versagt außerhalb des engsten Freundeskreises meines Nachwuchses bereits bei den Kindernamen samt zugehöriger Gesichter. Deshalb grüße ich alles unter 1 Meter 50 auf dem Schulhof vorsichtshalber mit einem lieben „Heeeey, schön dich zu sehen!". Man-che Kinder freuen sich, dass Mamatom so lieb Hallo sagt. Andere fragen sich verängstigt, was die fremde Frau von ihnen will. Aber damit kann ich leben.

Komplizierter wird es bei den Erwachsenen – erst recht, wenn das zu-gehörige Kind nicht dabei ist: Beim Einkaufen, Busfahren oder in der Bä-ckerei weiß man nie genau, ob die Person, die einen gerade so freund-lich (oder fragend) anschaut, vielleicht ein Elternteil aus Schule oder Kita ist. Bei Kindern gibt es noch das natürliche Ausschlussverfahren übers Alter. Aber bei Erwachsenen kommt jeder und jede als potenzieller Elternabendkontakt infrage. Wie soll man da den Überblick behalten? Ich grüße seit Jahren also einfach auch willkürlich jede und jeden Erwachse-nen, die oder der Blickkontakt mit mir aufnimmt, auf meinem Weg durch unseren Stadtteil. Wirkt das latent durchgeknallt? O ja, und wie! Aber hey: Immerhin bin ich freundlich! *

97 Mama, da ist was in meinem Zimmer!

Warum es gar nicht so leicht ist, immer die Erwachsene zu sein

Hast du Angst im Dunkeln? Ich natürlich auch nicht. Also fast nie. Aber ganz im Ernst: Wenn meine Tochter mitten in der Nacht nach mir ruft, weil da „ein gemeiner Schatten" in ihrem Zimmer ist, und sie auf meine verschlafene Nachfrage, ob das nicht vielleicht einfach eine Motte sei, antwortet: „Nein, Mama, der Schatten ist viel größer. Wie von einem Mann! Ein großer Mann! Der ist da sonst nicht. Kannst du gucken kommen?", dann lautet meine einzig ehrliche und aus tiefster Seele empor-steigende Antwort: „NEIN! Ich kann nicht gucken kommen! Weil ich nicht gucken kommen will! Ich bin doch nicht lebensmüde, wenn da ein fieser Axtmörder in deinem Zimmer ist, dann laufe ich dem garantiert nicht in die Arme!"

Natürlich denke ich das nur. Während ich todesmutig und mit „Sen-dung mit der Maus"-Regenschirm bewaffnet in das Zimmer meiner Tochter schreite, um mit einer ninjagleichen Handbewegung sämtliche Lichtquellen zu aktivieren. Und dann entdecke, dass der fiese Männer-schatten an der Wand mein alter Bademantel ist, mit dem wir tagsüber Verkleiden gespielt haben. Schlapp hängt er von der Ecke des Kleider-schrankes herab und macht sich lustig über die Mutter, die Angst im Dunkeln hat. Und während ich mich noch schäme für meine irrationalen, kindlichen Ängste, flüstert meine Tochter: „Kannst du bei mir schlafen heute?"

Klar kann ich. Dann bin ich wenigstens nicht allein. ✱

98 Toll, wie du alles im Griff hast!

Warum man beim besten Willen nie alles im Griff haben kann

„Wahnsinn, wie du das alles schaffst!", ist eines der schönsten Komplimente, die ich als Mutter je bekommen habe. Und gleichzeitig dasjenige, das mich am meisten überrascht hat. Ich weiß: In Punkt 94 habe ich mich und dich und alle anderen Mamas gerade noch für unser unnatürlich fantastisches Planungs- und Projektmanagementtalent gefeiert. Aber du und ich und alle anderen Mamas kennen auch das geheime Rezept für diese Superkraft (das sie natürlich nicht weniger super macht!). Hand aufs Herz: In Wahrheit gehören unzählige Kompromisse, jede Menge Vergessenes, Verschobenes, Verpeiltes und ganz viel Mut zur Lücke einfach zum Mama-Alltag dazu.

Ich verpasse U-Untersuchungen und Elterngespräche, ich vergesse Brotdosen oder gleich ganze Turnbeutel. Ich melde meine Tochter zu spät im Schwimmkurs an und meinen Sohn zu spät aus der Ferienbetreuung ab. Ich war mit der Vierjährigen noch nie beim Zahnarzt und mit dem Siebenjährigen seit einem halben Jahr nicht beim Friseur. Ich habe meiner Tochter noch nicht das Radfahren beigebracht und meinem Sohn nicht das Schleifebinden. Meistens wasche ich den Kindern die Haare ohne Shampoo, weil ich das Geschrei nicht aushalte. Und letztes Jahr in der Vorschule, nach einem wirklich kalten Winter, hat mein Sohn traurig gefragt, warum alle anderen Kinder eine Schneehose in der Garderobe hätten, nur er nicht, er würde in der großen Pause immer so frieren (HIMMELARSCHUNDZWIRN, weil deine Mutter den Kopf voll mit TAUSEND anderen Sachen hat und EINMAL etwas wirklich Wichtiges vergessen hat, aber warum SAGST du denn erst drei Monate später etwas und nicht gleich am ersten Tag???).

Die Wahrheit ist: Vollkommen egal, wie perfekt ich auch plane – ich schaffe ganz und gar nicht alles. Im Gegenteil. Ich stolpere oft von einem Chaos ins nächste und wurschtele mir dieses ganze Elterndig irgendwie zurecht. Aber ganz offensichtlich tue ich das so akzeptabel, dass ich immerhin bei anderen den Eindruck erwecke, ich würde „es" schaffen. Und soll ich ehrlich sein: Das grenzt so sehr an ein kleines Wunder, dass es mir als Bestätigung meiner Mutterqualitäten vollkommen ausreicht. Perfektion ist nun einmal etwas, was im Eltern-Dasein nichts zu suchen hat (auch wenn die Insta-Moms dieser Welt uns etwas anderes vorgaukeln). Und wenn du der gleichen Meinung bist, lies bitte ganz schnell bei Punkt 99 weiter! ✷

99 Lasst uns eine „Gang of Moms" sein.

Warum wir alle einfach immer zusammenhalten sollten

Ich glaube, nach den vorangegangenen 98 Punkten sind wir uns einig: Es ist wirklich Wahnsinn, was man als Mutter Tag für Tag erlebt und übersteht. Und ob an der Supermarktkasse, bei der Einschlafbegleitung, auf dem Elternabend oder beim täglichen Zahnputzdebakel: Wir alle kommen irgendwann an diesen Punkt, an dem wir denken: Ich kann nicht mehr. Ich habe mein Bestes gegeben, ich habe es geschafft, bis hierhin – aber jetzt, in diesem Moment, komme ich keine Minute weiter. Zumindest nicht ohne laut zu schreien.

Kommt dir bekannt vor? Mir auch. Deshalb liebe ich das Video „Mom Gang" von der Social-Media-Mama Dottie Llama. Auf ihrer Facebook-Seite „Mommas Page" findest du den zweiminütigen Mutmacher, in dem sie von einer dieser klassischen Supermarktsituationen berichtet: Das Kind schmeißt sich heulend auf den Boden, die (eh schon gestresste) Mutter redet mit Engelszungen auf es ein, versucht alles, um es zu beruhigen (und sie ist wirklich kreativ darin), weiß irgendwann nicht mehr weiter und schaut sich schamerfüllt, verständnissuchend um – und erntet nichts als abwertende, augenrollende Blicke. Ausgerechnet von einer anderen Frau! Und dann kommt der schöne Teil des Videos: Wie wäre es, fragt Dottie, wenn wir Mamas in so einer Situation nicht mit den Augen rollen würden? Wenn wir der fremden Mutter sagen würden: „Ich weiß, was du gerade durchmachst. Ich kenne das. Es ist okay"? Oder – und das ist wirklich nicht zu viel verlangt – sie genau das zumindest mit unserem Blick spüren ließen? Denn wenn wir ganz ehrlich sind: Wir sind doch einfach nur heilfroh, dass das gerade nicht unser eigenes Kind ist, das den

180

Laden zusammenschreit. (Und wir wissen, dass die Wahrscheinlichkeit hoch ist, dass es nächstes Mal unser Kind ist.) Lasst uns deshalb einfach, bittet Dottie, ein wenig netter zueinander sein. Lasst uns eine „Gang of Moms" sein!

Ich für meinen Teil wollte schon immer Mitglied in einer coolen Gang sein. Und ich könnte mir keine coolere vorstellen als eine Gang voller maximal multitaskingfähiger, extrem emotions- und hormongeladener, einfach absolut beeindruckender Supermoms. Ich freue mich riesig, wenn du auch dabei bist. ✦

100 Up & Down.

Warum am Ende eh alles gut wird (auch wenn es sich zwischendurch nicht so anfühlt)

Es gibt da diese Szene in dem Film „Anchorman", in der Will Ferrell gefragt wird, was Liebe sei – woraufhin er anfängt, „Afternoon Delight" zu singen. Wenn mich jemand fragt, wie es sei, Vater zu sein, dann überlege ich auch kurz, zu einem Ständchen anzusetzen. Aber was würde ich singen? Es gibt eine Million Lieder über die Liebe und das Leben, und dennoch kann keines davon auch nur annähernd beschreiben, was es bedeutet, Kinder zu haben.

Was soll ich dir denn erzählen, was du nicht schon tausendmal gehört hast? Von Schlafmangel, Windelnwechseln und selbst gebastelten Schultüten? Von buckliger Verwandtschaft, nervigen Kindergeburtstagen oder kuriosen Spielplatzbekanntschaften? Dass es nichts Schöneres gibt, als nach Hause zu kommen und von anstürmenden Kindern abgeknutscht zu werden? Wie es ist, das eigene Leben komplett zu reflektieren und die Welt noch einmal durch Kinderaugen zu erleben?

Ich sage dir, wie es ist: Du wirst dich überfordert fühlen. Du wirst Schuldgefühle haben. Du wirst verzweifeln. Heulen. Schreien. Streiten. Dich entschuldigen. Du wirst dich fragen, ob du ein guter Elternteil bist. Vermutlich bist du nicht konsequent genug. Und viel zu streng. Sei doch mal gelassener. Außerdem wirst du zu ängstlich sein. Ständig, dauernd und immer!

182

Gastautor

Etienne Gardé
ist zweifacher Vater,
Moderator und Mitbegrün-
der der Medienproduktions-
firma Rocket Beans.

Was ist das für eine Angst? Nun. Stell dir vor, es gibt da plötzlich et-was, was du mehr liebst als dein eigenes Leben. Der Haken an der Sache ist: Dieses „Etwas" ist in den ersten Lebensjahren so lebensunfähig, dass alles zur potenziellen Gefahr wird. Selbst so etwas Banales wie eine Tür. Oder eine Treppe. Oder eine Schublade … ein Glas, eine Steckdose, eine Schere, ein Kissen, ein Sofa, ein kleines Plastikteil, ein großes Plastikteil, Erbsen, Feuer, WETTER, AUTOS, DIE SONNE, DAS KLIMA …

Ein Kind ist im Prinzip eine Erweiterung von einem selbst. Es ist, als ob du dir mit jemandem das Herz und die Seele teilst: Wenn dein Kind Schmerzen hat, dann fühlst du es, als ob du selbst die Wunde hast. Wenn dein Kind traurig ist, kommen dir die Tränen, und wenn dein Kind lacht, geht dir das Herz auf.

Mit der Zeit verschwinden dann einige Ängste – und neue kommen hinzu. Ich habe zum Beispiel keine Angst mehr, dass meine Kinder in der Badewanne ertrinken, wohl aber, dass sie sich das Genick brechen, beim Versuch, mit einer selbst gebastelten Konstruktion, die sie „Leiter" nen-nen, an die Schokolade im Küchenschrank zu kommen. Ich habe auch keine Angst mehr, dass sie nachts unter ihrem Kissen ersticken, aber ich habe unglaubliche Angst, dass sie mal YouTuber werden wollen.

Die Wahrheit ist: Alles wird gut. Was auch immer auf dich zukommt, denk daran, deine Kinder werden toll! Entweder deinetwegen – oder trotz dir.

Ich weiß immer noch nicht, welches Lied ich singen würde, um meine Gefühle zu beschreiben. Vermutlich irgendwas von den Vengaboys. ❋

DIE **EINE** WIRKLICH **WICHTIGE SACHE,** DIE IN JEDEM ELTERNRATGEBER STEHEN SOLLTE.

101 Du bist die allerbeste Mama der Welt.

Warum Kinder in diesem Buch unbedingt zu Wort kommen müssen

Kennst du einen Elternratgeber, in dem Kinder zitiert werden? Ich nicht. Komisch eigentlich. Denn in Wahrheit sind sie doch die wahren Elternexperten. Und vor allem ihre größten Mutmacher. Weil uns niemand sonst so schnell und allumfänglich alle Sorgen und Zweifel vergessen lässt, ob wir diese wahnsinnig chaotische, durch und durch überwältigende und uns immer wieder an unsere Grenzen bringende Sache mit dem Kindergroßziehen wirklich richtig machen. Und das schaffen sie mit nur einem kleinen Lächeln, einem liebevollen Blick oder einer festen Umarmung. Oder – wenn sie älter werden – mit den schönsten Worten, die Eltern sich wünschen können: eigenen Gedanken, eingepackt in ein oft ungewöhnliches, manchmal unbeholfenes, aber immer von Herzen kommendes Kompliment. So wie diese echten Liebesbekundungen von Kindern, die mir ihre Eltern auf Twitter verraten haben:

„Weißt du, Mama, als ich geboren wurde aus deinem Bauch, da habe ich mich ganz dolle gefreut, dich zu sehen."
„Mama, du bist meine Liebe."
„Ich habe dich fünf lieb."
„Mama, du bist der beste Papa, den man haben kann!"
„Wenn ich groß bin, möchte ich dich heiraten."
„Mama, das* hast du nicht nötig, du machst alles super!" (* Tipps zum Organisieren des Alltags)
„Ich liebe dich, Mama."

Und weil nichts so guttut wie solche liebevollen Wörter aus dem Mund der eigenen Kinder, zitiere ich nun natürlich noch meine beiden. Der Einfachheit halber – und weil es so wunderbar zeigt, wie alltäglich diese großartigen Momente sind – direkt den heutigen Gute-Nacht-Dialog, der, während ich diesen Text schreibe, erst wenige Minuten alt ist. Er ging so:

Ich: „Gute Nacht, Kinder."
Tochter: „Gute Nacht, Mami. Du bist die allerbeste Mama der ganzen Welt!"
Sohn: „Na ja … Vielleicht gibt es irgendwo im Weltall eine Alien-Mutter, die besser ist als du."

Vielleicht gibt es die. Ziemlich sicher sogar. (Jaja, auch in Menschenform hier auf unserem Planeten, ich weiß.) Nur: Das interessiert meine Kinder nicht. Die sind genauso bedingungslos glücklich mit mir wie ich mit ihnen. Vollkommen egal, durch welche tiefen Täler mit Wutanfällen und Schimpftiraden, durchwachten Nächten und Nervenzusammenbrüchen, Ich-zähle-jetzt-bis-Drei und Ich-hab-dich-nicht-mehr-Liebs wir gemeinsam gegangen sind (und noch gehen werden). Und ich weiß schon jetzt, dass mir eines Tages beim Blättern durch dieses Buch dieses Gute-Nacht-Zitat und die Erinnerung an den heutigen Abend Tränen des vollkommenen Glücks in die Augen treiben werden.

Damit dir das auch passiert, nutze gern die folgende Seite, um die schönsten, liebsten, witzigsten, unglaublichsten, emotionalsten Zitate deines Kindes oder deiner Kinder darauf zu verewigen. Ich wünsche dir eine wunderbare Zeit beim Wiederentdecken dieser Notizen in vielen Jahren, Monaten oder auch nur Wochen. Denn ich weiß ganz genau: Auch du bist eine allerbeste Mama der ganzen Welt. ✳

....

....

....

....

....

....

....

....

....

189

Wie sagt man?

Texte schreibe ich schon mein Leben lang und für mein Leben gern, seit fast 15 Jahren auch beruflich. Doch das, was du gerade in deinen Händen hältst, ist nicht nur mein erstes Buch – es ist auch das allererste Mal, dass ich eine Danksagung schreibe (die selbst gebastelte Karte zum Muttertag 1989 einmal außen vor gelassen). Komisch eigentlich, schließlich erzählen wir unseren Kindern ständig, WIE wichtig es ist, Danke zu sagen. Also sollte es ja mindestens genauso wichtig sein, Danke zu schreiben, oder? Das tue ich jetzt:

DANKE zuallererst an meine großartigen Kinder Tom und Mina, dass sie den in diesem Buch beschriebenen Wahnsinn Tag für Tag mit mir durchstehen. Und **DANKE** an meinen Ehemann Daniel, dass er mit uns ein Familienleben gestaltet, über das ich mit großer Freude und einem Lächeln im Gesicht 101 Dinge zu erzählen habe. Ich liebe euch drei sehr.

DANKE an meine Lektorin Nina, dass sie selbst im größten Stress mit so wohltuenden, freundlich-fröhlichen Anmerkungen, beeindruckendem Fachwissen und einer ehrlichen Mami-Meinung aus jeder einzelnen dieser 101 Geschichten sprachlich und inhaltlich das Beste, Lustigste, Erzählenswerteste herausgeholt hat. **DANKE** an unsere Art Direktorin Anja, dass sie den Worten mit so wunderbar passenden Illustrationen ein Gesicht und dem großen Ganzen die perfekte Gestaltung gegeben hat. Und **DANKE** an Junior-Medien-Geschäftsführer Jan, dass er mir hiermit meinen großen Wunsch erfüllt hat, eines Tages ein eigenes Buch zu veröffentlichen.

DANKE an Matthias Luck, Bano Diop, Prof. Dr. med. Kai J. Bühling, meinen Mann Daniel Schröckert, Marco Krahl, meinen Vater Heiner Bäck, Jürgen Busch, Jan Wickmann, Birk Grüling und Etienne Gardé, dass sie dieses Buch mit eigenen Gedanken und Texten bereichert haben.

DANKE an @bunte_worte, @JulienPice, @HullaBeR, @TaniBhv, @ToastDetective, @vivzoell, @nicolenicollini, dass sie mir auf Twitter ihre schönsten Kinder-Komplimente für Punkt 101 verraten haben.

DANKE an meine Eltern Corinna und Heiner, dass sie mir vorgemacht haben, wie man wahnsinnig glückliche Kinder großzieht (ich hoffe noch, dass es mir genauso gut gelingt). DANKE an Verena, dass sie nicht nur eine wunderbare Oma, sondern auch eine großartige Schwiegermutter ist. Und DANKE an meine Schwester Meike, dass sie all das Tolle verkörpert, was man sich unter einer „großen Schwester" vorstellt. DANKE an Mona, dass sie alle Aufs und Abs des Mama-Alltags mit mir gemeinsam erlebt und mir dabei immer wieder erfolgreich das Gefühl vermittelt, es doch irgendwie richtig zu machen. DANKE an Franziska für jeden einzelnen Expertinnen-Rat unter Freundinnen. DANKE an Leni für den täglichen Reminder, dass ich endlich weiterschreiben solle. DANKE an Tim, dass er mitten in meiner „Ah, ich schaff das alles nicht!"-Phase dafür gesorgt hat, dass es mir jeden Tag ein bisschen besser ging (und das noch immer tut).

Ein besonderes DANKE geht an Julia und Gabi. Ich bin unendlich froh, dass es euch beide gibt.

Ich wisch mir jetzt eine kleine Träne weg. Und habe noch einen wichtigen Dank über: **DANKE an dich, dass du dieses Buch gelesen hast.**

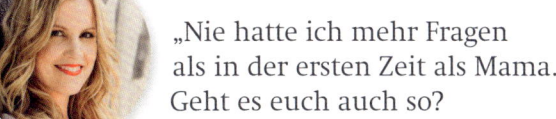

„Nie hatte ich mehr Fragen
als in der ersten Zeit als Mama.
Geht es euch auch so?
In unserem Heft geben wir mithilfe
unserer Experten die wichtigsten Antworten.
Und begleiten euch durch die schönste Phase des Lebens!"

Claudia Weingärtner, Chefredakteurin Leben & erziehen

Foto: Michaela Thewes

Junior Medien GmbH & Co. KG, Willy-Brandt-Str. 51, 20457 Hamburg, junior-medien.de